„Das Glück deines Lebens hängt von der Beschaffenheit deiner Gedanken ab." Marcus Aurelius

Ich muss nicht nach Nirwana

Über die Vernetzung körperlicher, meditativer und geistiger Haltung

Ich muss nicht nach Nirwana

© 2019 Gemma Mari Gurt

Text und Illustrationen: Gemma Mari Gurt
Lektorat & Korrektorat: Susanne Nötscher, Udo Hessenauer
Umschlaggestaltung: Udo Hessenauer, Dr. Martina Nohl, Christian Eberling

Verlag & Druck: tredition GmbH, Halenreie 40-44, 22359 Hamburg
ISBN: 978-3-7497-6345-0 (Paperback)
978-3-7497-6346-7 (Hardcover)
978-3-7497-7385-5 (e-Book)

Bibliografische Information der Deutschen Nationalbibliothek:
Die Deutsche Nationalbibliothek verzeichnet diese Publikation in der Deutschen Nationalbibliografie; detaillierte bibliografische Daten sind im Internet über http://dnb.d- nb.de abrufbar.

Audio Downloads unter https://gemma-mari.de/media

Inhalt

VORWORT   8

EINFÜHRUNG   11
Zum Gebrauch dieses Buches   13
Zur Entstehung der Idee   14

KONTAKT AUFNEHMEN   21
Die Seele Ihrer Knochen   21
Eine letzte Vorbemerkung zur Meditation   37
Kontaktaufnahme-Meditation   38
Werkstatt: Wirbelsäule   49
Vorbemerkung zu Werkstatt und Meditation   27
Werkstatt: Den Unterschied spüren   28
Placebo und Nocebo   31
Innen- oder Außenperspektive?   32

BEI SICH BLEIBEN   55
Ja und Nein sagen: aufrichtig und aufrecht   55
Ja-Meditation   58
Nein-Meditation   61
Atem braucht Platz – und hat ihn auch!   63
Werkstatt: Zwerchfell   64
Atem-Körper-Meditation   69

ETWAS KÖRPERPHYSIK   73
Auf den Standpunkt kommt es an   73
Werkstatt: Füße I   74
Werkstatt: Füße II   76

Auf eigenen Fersen stehen 79
Körperstatik-Meditation 80
Bewegung, Bewegung! Halt, nicht so schnell… 87
Nichtgeh-Meditation 89
Der Spiegel der Seele 92
Kopf-hoch-Meditation 94
Werkstatt: Schädelknochen und Kopfausrichtung 97
Gesichtsmeditation 99
Eine Hand wäscht die andere… 102
Handmeditation 103

IN DER TIEFE LIEGT DIE KRAFT 107
Ein Wechsel der Perspektive 107
Tiefenmeditation 112

NEUE WEGE GEHEN 117
Es gibt keine universelle Wahrheit … 117
Veränderungen sind ungemütlich 119
Ja zur Leichtigkeit, Ja zum Leben 121

SCHLÜSSELBEGRIFFE 124

STICHWORTVERZEICHNIS 129

ÜBER DIE AUTORIN 132

Vorwort

In welche Kategorie fällt dieses Buch, das Sie gerade in der Hand halten? Ist es ein Meditationsbuch? Ein Ratgeber? Ein Trainingsbuch? Ich überlasse Ihnen diese Entscheidung, denn ich selbst wüsste nicht, in welche Schublade ich es stecken würde. Schubladen können schon mal nützlich sein, aber sie beurteilen und vorverurteilen auch und schließen dadurch aus. Gerade das soll dieses Buch jedoch nicht. Vielleicht ist es also ein wenig von allem.

Mein Anliegen ist es, Ihnen eine unkomplizierte Bedienungsanleitung für eine naturgemäße Körperhaltung in die Hand zu geben, die Sie in Kontakt mit Ihrer inneren Haltung bringen wird. Ich könnte mein Buch sogar als Werkstatt bezeichnen, in der jeder und jede von uns lernen kann, wieder Herr und Herrin des eigenen Körpers zu werden. Wenn Sie diese Bedienungsanleitung befolgen und die geschilderten Übungen umsetzen, können Sie in einen meditativen Zustand geraten, der so intensiv werden kann, wie Sie selbst möchten. Sie können die Übungen als Haltungsübungen, als Achtsamkeitsübungen oder als Meditationsübungen interpretieren, ganz wie Sie möchten. Ihr Körper und Ihr Geist brauchen keinen präzisen Namen dafür. Ganz unabhängig von jeder Benennung werden Ihre körperliche, die innere und die meditative Haltung beim Üben eine wunderbare Symbiose bilden.

Mein Buch möchte Ihre persönliche Farbpalette um weitere Farbtöne bereichern, damit Sie Ihr Leben noch bunter, leichter und intensiver gestalten können. Sie sollen sich dieser Farben bedienen können, wann, wie und wo immer Sie wollen oder es brauchen – das ist das Anliegen meines Buchs.

Nach einer ersten Komplettlektüre können Sie mein Buch jederzeit als Nachschlagewerk verwenden. Picken Sie sich heraus, was Sie im Moment gerade brauchen oder möchten: ein Meditations- oder Werkstattkapitel, eine Reflexion oder Erklärung.

Alle Abbildungen in diesem Buch sind von mir selbst gezeichnet. Sie haben nicht den Anspruch, anatomisch präzise zu sein, sondern sollen die Aspekte, auf die es gerade ankommt, verbildlichen und Sie bei der Umsetzung der Übungen unterstützen.

Einführung

In diesem Buch geht es um eine Durchlässigkeit des Körpers, die unseren Geist und unsere Seele erreichen soll. Diese Durchlässigkeit fängt mit Körperbewusstheit an und setzt sich in unserer inneren Haltung fort. Eine natürliche und ursprüngliche Körperhaltung ist für jede Art von Meditation die optimale Vorbereitung.

Unser Körper ist in der Tat unser Tempel. Er ist nicht nur eine Hülle für unseren Geist, sondern direkt vernetzt mit unserem ganzen Dasein, solange wir leben. Davon bin ich mittlerweile überzeugt. Den Körper beim Meditieren wegzudenken oder in seinem Naturell nicht zu respektieren, ist also unmöglich. Andernfalls kann man nicht vollständig meditieren. Andernfalls kann man nicht vollständig sein. Es geht nicht.

Stellen Sie sich vor, Sie trinken einen Erdbeershake durch einen plattgedrückten und geknickten Strohhalm. Sie werden ihn schon trinken können und seinen Geschmack bestimmt auch registrieren. Aber wäre das Trinken nicht leichter und genussvoller, wenn der Strohhalm richtig gerade und durchlässig wäre?

Erdbeermilch trinken: mit geknicktem und geradem Strohhalm

Wenn wir uns erlauben, die Leichtigkeit des Körpers zuzulassen, wird die Essenz und Energie des Lebens ungestört durch uns fließen können, ganz egal, was wir vorhaben.

Dieses Buch eignet sich für Meditationserfahrene und blutige Anfänger gleichermaßen. Sie können seinen Inhalt und die Übungen als Vorbereitung für eigene Meditationen nutzen. Falls Sie noch nie meditiert haben oder sich schwer damit tun: Nutzen Sie die Übungen einfach als Meditation selbst, sie sind als Einstieg geeignet.

Zum Gebrauch dieses Buches

Mein Buch lässt zwei unterschiedliche Lektüren zu: Alle Passagen, die nicht als „Meditation" oder „Werkstatt" gekennzeichnet sind, können Sie chronologisch wie ein normales Buch lesen. Ihre Lektüre soll Sie inspirieren und zum Nachdenken bringen.

Wenn Sie hingegen versuchen, auch die Werkstattsequenzen und Meditationen auf diese Weise zu lesen, werden Sie gleich merken, dass es wenig Sinn ergibt. Es ist ein bisschen wie bei den Bildern in dem Buch „Das magische Auge", kennen Sie es? Diese Bilder sind auf den ersten Blick eine Farbsuppe, die erst dann ein sinnvolles Bild ergibt, wenn Sie beim Betrachten aktiv etwas tun.

So ist es auch hier: Bei der Werkstatt und der Meditation muss Ihr Körper mitarbeiten, damit die Anweisungen Sinn ergeben. Sie können sie unmöglich verstehen oder erfassen, wenn Ihr Körper nicht gleichzeitig mitmacht. Hier ist also Ihr aktives Tun gefragt.

Zu den Übungen und Meditationen finden Sie gesprochene Versionen auf meiner Homepage:

https://gemma-mari.de/media

Zur Entstehung der Idee

Ich komme aus der „Körperhaltungsecke". Mich hat schon immer die Anatomie der Bewegung und des Daseins als solches fasziniert. Ich war immer davon überzeugt, dass unser Körper perfekt dafür ausgestattet ist, sich in jeder Lebenssituation und jedem Lebensabschnitt durchlässig und leicht zu fühlen. Dass unser Körper intelligent und raffiniert ist – aber nur, wenn wir seiner Natürlichkeit folgen.

Nach meinem Sportstudium mit Schwerpunkt Prävention und Rehabilitation lernte ich im Jahr 2006 die Cantienica-Methode der Schweizerin Benita Cantieni kennen, die mich von Anfang an so faszinierte, dass ich nicht nur alle Ausbildungen machte, sondern die Methode mit Leidenschaft viele Jahre als Senior Teacher weitergab. Diese Methode hat mich sehr inspiriert und beeinflusst und mir einen wertvollen Werkzeugschatz für die spielerische Erforschung des Körpers und die Arbeit an seiner Haltung gegeben.

Auch die Cantienica-Methode geht von einer bestimmten Haltungs- und Bewegungsanatomie des Menschen aus – sehr treffend wird dort von „Vivatomie" gesprochen. Das Training arbeitet mit einer Aufrichtung der Knochen und der natürlichen Befreiung der Gelenke an jedem Gelenkspalt: Kein Knochen soll den Nachbarknochen behindern, kein Gelenk soll in seiner Beweglichkeit eingeschränkt sein. Über bestimmte Referenzpunkte und exakte Hinweise dringt man mit seiner Wahrnehmung immer tiefer in den Körper vor, der nichts unkommentiert lässt. Das Ganze ist stets im Einklang mit der natürlichen Aufrichtung des Skeletts als unserem Körperfundament. Ein mit dieser Art Wahrnehmung betriebenes Körpertraining wird schnell sehr intensiv für Körper und Geist.

Seit 13 Jahren unterrichte ich mit Feuer und Flamme nach diesem Prinzip. Die Erfolge sind enorm. Über die Jahre habe ich durch diese Körperarbeit eine wunderschöne Nebenwirkung bei mir selbst und den Teilnehmerinnen und Teilnehmern meiner Kurse entdeckt: Die präzisen Hinweise für die immer leichtere und kraftvollere Aufrichtung führen unweigerlich zur Beschäftigung mit der eigenen, inneren Haltung. Was mir anfangs überhaupt nicht bewusst war, ist in dieser Zeit immer klarer und präsenter geworden: Die innere und die äußere Haltung gehen eine Symbiose ein.

Oft gesagt und geschrieben, aber es ist wirklich wahr: Der menschliche Körper ist ein Wunder. Egal, ob durch einen Schöpfer oder eine Evolution so geworden, unser Körper ist genial konstruiert. Alles daran hat seinen Platz und seinen Sinn, auch wenn sich dieser nicht sofort erschließt. Ich bin dankbar für dieses Körperwunder, diese Konstruktion aus ineinander greifenden Bausteinen, das Zusammenspiel von Körper und Geist, die Fähigkeit des Körpers, Defizite zu kompensieren, seine Geheimnisse, alles.

Der Körper liefert jedem Menschen den klarsten Weg zu sich selbst. Er bleibt uns immer treu. In einer Zeit, in der uns so viele Ablenkungen entgleisen lassen können, ist das beruhigend zu wissen. Jederzeit, egal wie und wann, wir können den Körper als Wegweiser verwenden, um in aller Leichtigkeit wieder auf unser natürliches Gleis zurückzufinden.

„Gemma, was Du hier machst, ist ja Meditation!" Dieses Feedback bekomme ich immer mal wieder in meinen Kursen. Noch vor ein paar Jahren lächelte ich dabei nur über dieses Lob und registrierte seine tiefere Bedeutung gar nicht. Für mich als „Körperarbeiterin" war Meditation bislang terra incognita gewesen – so dachte ich zumindest.

Heute weiß ich, dass ich auch schon damals meditiert habe, nur ohne es zu wissen beziehungsweise es so zu nennen.

Ein Zufall also? Nein, Zufälle gibt es nicht. Vor ein paar Jahren, als ich in einen Zustand tiefer Erschöpfung mit fürchterlichen Kopfschmerzen geriet, fing ich an, mich bewusst für Meditation zu interessieren. Ich hatte das Gefühl, mich wieder sammeln zu müssen und dass Meditation mir dabei helfen könnte.

Ich holte mir Rat von Bekannten und Freunden, die bereits seit langer Zeit meditierten. Ich dachte, sie würden mir DIE Meditation an die Hand geben. Ich könnte damit nach Hause gehen, meditieren, und fertig. Haken dran, erledigt!

Wie naiv diese Vorstellung war, wurde mir schnell klar. Die vielen Informationen und unzähligen CDs, die ich erhalten hatte, überrumpelten mich ehrlich gesagt ein wenig. Wo sollte ich anfangen, welches war denn die geeignete Meditation für mich? Die Möglichkeiten sind ja unendlich: Fantasiereisen, Atemmeditation, mit Musik, ohne Musik, mit Gesang, ohne ...

Die Meditation, früher lediglich eine religiöse oder spirituelle Praxis, hat schon seit einiger Zeit einen Platz im stresserfüllten Leben moderner, aktiver Gesellschaften gefunden. Der Bedarf, sich zu sammeln, ist größer denn je. Meditation ist im Mainstream angekommen, ist inzwischen ein Lifestyle-Thema und -Produkt.

Die Angebotsvielfalt ist groß; für jedermann und -frau ist etwas dabei. Also auch für mich, dachte ich, nur: Was davon genau für mich und meine Situation das Richtige war, das stand nirgendwo. Ungeduldig, wie ich bin, hat mich das Ganze dann schon ein wenig frustriert. Doch selbst aktiv zu suchen und auszuprobieren, bleibt wohl niemandem erspart und gehört vielleicht auch ganz wesentlich dazu.

Mittlerweile habe ich für mich angeleitete Meditationen gefunden, die mir sehr wohltun. Was mir jedoch von Anfang an aufgefallen ist: Beim Meditieren wird man zu Beginn stets aufgefordert, sich zu entspannen. Doch eine sorgfältige Anleitung, wie ich als Meditierende meinen Körper in diese Entspannung bringe (die ich selbst gerne „Durchlässigkeit" nenne) gibt es nirgendwo.

Im Frühling 2018 besuchte ich ein Seminar bei Peter Grunwald, dem Erfinder der Eyebody-Methode. Es waren sechs wundervolle Tage, intensiv und lehrreich. Jeden Morgen vor dem Frühstück beschenkte uns Peter mit einer wundervollen Augenmeditation, bei der ich unter anderem lernte, das ganze Sehsystem in Vernetzung mit dem Gehirn und dem Körper zu visualisieren. Der Fokus von Peters Methode liegt auf dem Visualisieren, dem „Sehen mit dem Gehirn", der geistigen Vorstellungskraft also, und nicht so sehr auf dem Spüren, wie bei meiner Arbeit. Es war eine spannende und intensive mentale Arbeit.

Gleich zu Beginn bemerkte ich jedoch, wie mein Körper danach schrie, unbedingt mitmachen zu dürfen. Und ich spürte, wie körperliche Wahrnehmung und mentales Visualisieren sich wunderbar koordinierten, ohne dass ich etwas forcierte. Der Körper wollte dem Gehirn und den Augen seine Durchlässigkeit anbieten, er wollte präsent sein, um noch leichter, noch intensiver und noch länger visualisieren zu können. Ich nahm wahr, dass mein Körper perfekt vorbereitet war für diese Art von Meditation. Und ich verstand bereits am ersten Tag, dass die Aufrichtung meines Knochenfundaments essenziell und grundlegend für eine leichtere Meditation war – leichter im wahrsten Sinne des Wortes. Da fing ich an, mein Augenmerk genau darauf zu richten, und plötzlich formte sich für mich auf natürlichste Weise ein energievolles Dreieck zwischen äußerer Haltung, innerer Haltung und meditativer Haltung:

Und genau darum geht es in diesem Buch: um das Zusammenspiel dieser drei Elemente.

Egal welche Ecke unseres Haltungsdreiecks wir gerade „packen" möchten, es ist immer essenziell, dass die beiden anderen genauso präsent bleiben. Nur so spüren wir uns ganzheitlich und finden zu unserer Mitte.

▸ Wenn Sie Ihre innere Haltung positiv unterstützen möchten, muss Ihr Körper mitmachen.

Der Körper ist der Spiegel der Seele, sprich unser seelischer Zustand hat Einfluss auf unsere Körperhaltung. Das ist inzwischen weitgehend akzeptiert. Neu und überraschend ist für viele, dass die Beziehung zwischen Körper und Seele eine wechselseitige ist, unsere Körperhaltung also auch unseren seelischen Zustand beeinflusst. Mit anderen Worten: Ist Ihre Körperhaltung aus dem Lot, so wird Ihre innere Haltung es schwer haben, strahlend hervorzutreten. Zu diesem Thema gibt es unter dem Stichwort „Embodiment" weiterführende, sehr spannende Literatur.

▸ Wenn Sie Ihren Körper nur von außen trainieren, ohne auf Ihre innere Stimme zu hören, werden er und Ihre Psyche sich früher oder später zu Wort melden. Immer nachdrücklicher, lauter und unangenehmer.

Während meines Sportstudiums kannte ich Leistungssportler, die das harte Training mit der Zeit wie eine Droge brauchten. Ich frage mich, ob sie damit glücklich waren. Selbst wenn ihr Körper in Form heftiger Schmerzen zu ihnen sprach, entschieden sie sich fürs Weitermachen. Sie überhörten seine laute Stimme einfach knallhart, um des sportlichen Wettbewerbs willen. So rief ihr Körper immer weiter, seine Sprache wurde immer deutlicher. Oft mit fatalen Folgen ...

▸ Wenn Sie meditieren wollen und dabei den Körper außer Betracht lassen, werden er und Ihr Verstand auf die eine oder andere Art und Weise immer wieder Ihre meditative Haltung stören.

Die Gründe fürs Meditieren sind noch vielfältiger als die Arten der Meditation selbst. Was wollen wir mit der Meditation erreichen?

Meine persönliche Motivation ist nicht primär spiritueller oder religiöser Natur. Ich möchte einfach nur fokussiert das Hier und Jetzt erleben und dabei gleichzeitig in mir ruhen – ein Zustand, den ich sehr schätze und liebe. Ich muss nicht nach Nirwana, ich bleibe lieber hier und bei mir. Wenn ich schon in dieser Welt bin, will ich sie vollständig und in jedem Moment auskosten, will mit Dankbarkeit alles aufnehmen, was sie mir anbietet, hier und in diesem Moment. Die Meditation ist für mich ein Hilfsmittel, meine Lebensfreude und positive Wahrnehmung der Außenwelt zu intensivieren. Eine wunderschöne und hilfreiche Farbe auf meiner Lebenspalette, die ich gelegentlich gerne einsetze. Sie weckt meine Lust zum Erschaffen, zum Lieben, zum Genießen. So ist die Meditation für mich eigentlich ein Werkzeug, das mir hilft, mein Inneres mit der Außenwelt zu koordinieren, bis beide ein selbstverständliches Ganzes werden und ich in einen Zustand des Friedens, der Ganzheit und der Nachhaltigkeit, der Kraft und der Konzentration gelange... Nirwana ist hier.

Für mich ist Meditation anregend und beruhigend zugleich. Ihr Pfeil trifft ins Schwarze, wenn ich es schaffe, mich ganz und gar mit meinem Körper und Geist zu verbinden. Meditation ist für mich weder Kamillentee noch Kaffee, sondern japanischer Macha-Tee.

Mein Buch wird Ihnen Übungen zeigen, die jeden Punkt des Dreiecks der körperlichen, inneren und meditativen Haltung mit den jeweils anderen verbinden. Als der Architekt, die Architektin Ihres eigenen „Körperhauses" werden Sie zuweilen Vorstellungsreisen durch Ihren Körper unternehmen. Diese sind an sich schon eine Meditation, eignen sich aber auch als Vorbereitung für eine weitergehende Meditationspraxis oder ein körperliches Training.

In den Werkstattkapiteln lernen Sie, Ihren Fokus wie eine Taschenlampe gezielt auf bestimmte Körperregionen zu richten und zu verstehen, wie diese funktionieren. Sie werden dabei eine für Sie vielleicht neue Art erlernen, mit dem Körper umzugehen und mit ihm zu kommunizieren. Die Werkstätten laden Sie zur Reflexion und Selbsterforschung ein. Sie können sie in beliebiger Reihenfolge nutzen, sich sozusagen die Rosinen herauspicken. Wieder Herr und Herrin des eigenen Körpers werden, das ist der Plan. Die Werkstätten helfen Ihnen dabei.

Sie werden Ihr eigenes Haltungsdreieck mit der Zeit immer besser wahrnehmen und immer leichter ins Gleichgewicht bringen, ganz egal, an welcher Spitze Sie es zuerst anpacken und wie Ihr Alltag gerade ist.

Kontakt aufnehmen

Die Seele Ihrer Knochen

Jede Meditation beginnt mit der Absicht, den Körper zu entspannen. Doch bis dato habe ich noch keine Methode gefunden, die mir zielgerichtete Anweisungen gibt, wie ich meinen Körper durchlässig und leicht bekomme, bevor es losgeht. Und genau das hat mir immer gefehlt.

Üblich sind Hinweise wie „entspann deine Schultern", „mach den Rücken gerade", „entspann deine Arme, die Füße, und alles, was nur geht". Diesen Hinweisen sollen alle gleichermaßen folgen, die Körperhaltung des Einzelnen spielt dabei keine Rolle. Dabei ist unsere Körperhaltung höchst individuell. Sie ist über viele Jahre erworben – und sie entzieht sich unserem Bewusstsein.

Wenn ich bewusst die Schultern verkrampfe, dann kann ich sie bewusst entspannen. Mache ich den Rücken absichtlich krumm, dann kann ich ihn absichtlich wieder gerade machen. Geist und Körper kommen dann mit den oben erwähnten Anweisungen wunderbar klar. So funktioniert ja auch die progressive Muskelentspannung nach Jacobson: erst bewusst einen Muskel anspannen, um ihn dann bewusst entspannen zu können. Soweit, so gut.

Aber individuelle, über viele Jahre angewöhnte Körperhaltungen kommen nicht aus der Bewusstheit. Sie haben sich vielmehr eingeschlichen. Und während sie sich langsam einschlichen, haben wir nicht darauf geachtet, denn wir waren nicht wirklich dabei. Wir waren nicht im Hier und Jetzt.

So wie wir einen blauen Fleck an uns entdecken und nicht mehr wissen, wo wir ihn uns geholt haben: „Wann und wo habe ich mich bloß angestoßen?" Auch manch anderes taucht ähnlich überraschend am Körper auf: ein Bandscheibenvorfall, ein Hexenschuss oder eine Inkontinenz. Leider gehen wir den Ursachen für diese Anomalien nicht sehr sorgfältig auf den Grund, sondern schieben sie stattdessen einem Schuldigen zu: dem Alter („mit siebzig ist das eben normal"), der Gartenarbeit („hab wieder zu lange die Sträucher geschnitten"), dem Kinderkriegen („seit der Geburt ist mein Beckenboden schwach"), einem Möbel („ich muss die Matratze austauschen, die bringt mich noch um"). Natürlich können manche dieser Faktoren oder Situationen eine unnatürliche Körperhaltung unterstützen. Aber wären wir treue Begleiter unseres Körpers, während wir „leben" oder einfach nur „sind", würden wir ihn also nicht im Stich lassen, dann würden diese Dinge nicht so überraschend über uns kommen.

Mir fällt gerade ein schönes Beispiel ein: Als meine zwei Söhne noch klein waren, ging ich mit ihnen des Öfteren zu einem wunderschönen Spielplatz in der Nähe unserer Wohnung. Wenn ich dabei wirklich ganz bewusst und verbunden mit ihnen unterwegs war, verlief alles reibungslos. Es gelang mir dann sehr gut, mich auf dem Spielplatz mit anderen Eltern zu unterhalten und gleichzeitig geistig mit meinen beiden Zwergen verbunden zu bleiben. Kam es zu Auseinandersetzungen, so eskalierten diese nie. Es waren Momente purer Harmonie.

Es gab jedoch Tage, an denen ich meine gesamte Aufmerksamkeit auf die Gespräche der anderen Spielplatzeltern richtete. Natürlich hatte ich auch ein Auge auf meine Söhne – aber eben nur eines. So war es nicht verwunderlich, dass ich die Essenz mancher Situationen nicht mehr erfasste. Wenn ich als Mutter dann aus irgendeinem Anlass heraus plötzlich gefragt war, habe ich zwar auch immer eine Lösung gefunden, doch sie war dann nicht unbedingt im Einklang mit der Gesamtsituation. Zeigten die Kinder mir dies mit Unzufriedenheit oder Trotz, so verstand ich die Welt nicht mehr. Ja, ich ärgerte mich richtiggehend über ihr Verhalten. Ich hatte doch alles ganz genau gesehen, oder? Tatsächlich war ich aber nicht wirklich dabei. Von außen kommend wollte ich eine Situation steuern, von der ich eigentlich nichts wusste – weil ich nicht „anwesend" war. Nur mein Verstand und mein Ego meinten alles zu wissen, denn die Augen hatten ja scheinbar alles gesehen.

Jahre später erlebe ich nun genau das Gleiche mit meiner Hündin! Wie Kinder sind auch Tiere übrigens fantastische Experten fürs Hier und Jetzt.

Genauso ist es mit unserem Körper. Wie oft versuchen wir, die Lösung für ein Problem in ihm von außen zu finden? Schuheinlagen, eine neue Matratze, neue manualtherapeutische Behandlungsverfahren bis hin zu OPs und künstlichen Gelenken. Und wie oft stellen uns die Resultate wirklich zufrieden? Allzu oft betrachten wir den Körper als Mängelexemplar, anstatt ihn aus seiner Fülle heraus zu sehen, aus der Wahrnehmung heraus, dass wir mit ihm bereits alles haben, was wir benötigen. Ich bin überzeugt, dass unser Körper in vielen Fällen Antworten und Lösungen liefern würde – wenn wir ihn nur danach fragen und auf seine Botschaften hören würden.

Jetzt sagen Sie vielleicht: Alles schön und gut, nur wie geht das? Wie bekomme ich diesen Zugang zum Körper, wie lerne ich, ihm zuzuhören?

Sobald wir anfangen, den Körper mit seinen sinnvollen und zahlreichen Details zu betrachten, zu visualisieren und zu spüren, ihn also in seiner kompletten Fülle wahrzunehmen, bekommen wir von ihm eine klare Antwort. Für mich geht es hier um Respekt. Um Respekt gegenüber dem eigenen Körper, den wir in der typischen Verkopftheit unseres modernen Lebensstils vernachlässigen. Warum in aller Welt hören wir so viel eher auf unseren Verstand als auf unseren Körper?

Auch unser aktuelles Schönheitsideal verdankt sich der Überhöhung des Verstands, der uns weismachen will, dass nur zählt, was sichtbar und greifbar ist: Sixpack, schwellende Brust- und Gesäßmuskeln, mächtige Oberarm- und Oberschenkelmuskeln. Lauter Muskeln, die übertrainiert der Körperbeweglichkeit und Flexibilität im Weg stehen.

Wenn wir das Innenleben unseres Körpers wieder bewusst erfassen und lebendig machen, dann schenken wir nicht nur dem Körper den Respekt, der ihm gebührt, sondern auch uns selbst. Es gilt, die eigene Taschenlampe nach innen zu richten, damit wir anfangen zu sehen, was drinnen ist und was wir sind.

Das Geheimnis eines guten Zugangs zum Körper liegt im Zusammenspiel von Spüren und Visualisieren. Anders gesagt: Wir müssen die Puzzleteile unseres Körpers, allen vorweg seine Knochen, Stück für Stück

- ▶ mit Hilfe unserer Wahrnehmung aufsuchen,
- ▶ mit Hilfe unserer Vorstellung visualisieren und
- ▶ ihnen mit Hilfe unseres Verstands einen Hinweis geben.
- ▶ Sodann müssen wir den betreffenden Körperteil „machen lassen" ... mit Hilfe des Vertrauens.

Dieser letzte Schritt ist möglicherweise der herausforderndste. In Sachen Vertrauen und Machenlassen tun wir uns oft schwer. Stets wollen wir die Kontrolle haben. Aber tatsächlich ist es so, dass die Knochen eigentlich wissen, was sie tun sollen und was nicht. Sie besitzen ihre ganz eigene Intelligenz – und nur mit dem letzten Schritt wird diese geweckt.

Wenn ich im Unterricht in den Grundpositionen die Anweisungen gebe, klagen meine Kursteilnehmer, vor allem die Neueinsteiger, häufig: „Es fühlt sich ja schon leicht und stimmig an, aber ich mache doch gar nichts!" Das, was sie in diesem Moment wahrnehmen, erkennen sie nicht als Folge einer bewussten Handlung an. Sie haben jedoch sehr wohl etwas aktiv geschehen lassen, ohne mit ihren üblichen Handlungsmustern zu intervenieren. Dann reagiert ihr Verstand mit Skepsis oder gar Widerstand, weil er es noch nicht anders kennt. Alles, was sich leicht anfühlt oder scheinbar mühelos geschieht, muss per se falsch sein, so die Überzeugung.

Ohne Fleiß kein' Preis. Du musst die Zähne zusammenbeißen. Vor dem Erfolg kommt der Schweiß. Diese Glaubenssätze in unserem Kopf sind uns nicht natürlich mitgegeben, sondern wir haben sie erworben.

Es ist schon komisch: In der Meditation möchten wir den Körper überwinden, obwohl wir ihn gar nicht richtig kennen, spüren oder bewusst wahrnehmen. Je mehr wir ihn jedoch bewusst und aktiv mit Mühelosigkeit und Leichtigkeit begleiten, desto mehr kommen wir in den Zustand, den viele Meditationserfahrene als „Körper überwinden" bezeichnen. Mit der Zeit und Übung lernen wir dabei auch, den Verstand zu nutzen, ohne dass er sich in den Weg stellt.

Wer bei der Meditation nur mit dem Geist arbeitet und den Körper vernachlässigt, übersieht dabei, dass schon eine durchlässige Körperaufrichtung uns in einen natürlichen meditativen Zustand versetzt, von dem aus er selbstverständlich weiter in die Tiefe meditieren kann. Wer hingegen Körper und Verstand als Team begreifen lernt, unterstützt seine geistige oder spirituelle Entwicklung ebenso wie sein rein physisches Training beim Klettern, Radfahren, Laufen, Kampfsport.

Vorbemerkung zu Werkstatt und Meditation

Die Sprache in den Werkstatt- und Meditationsabschnitten des Buchs verfolgt einen bestimmten Zweck. Sie ist bildhaft, blumig und suggestiv, es kommt weniger auf die korrekte Ausdrucksweise an. Bilder und Vorstellungen geben Zugang zu den Körperteilen, die sich unserer willentlichen Kontrolle normalerweise entziehen. Folgen Sie den Anweisungen einfach, auch wenn sie ungewohnt klingen mögen, und spüren Sie nach. Der Körper reagiert, auch ohne dass es unserem Verstand einleuchtet.

Für dieses kleine Experiment können Sie sitzen oder stehen. Versuchen Sie schon jetzt Ihren Rumpf so aufrecht wie möglich zu positionieren: Becken, Brustkorb und Kopf stehen übereinander ausgerichtet, keiner weicht in irgendeine Richtung aus.

Geben Sie ihrer rechten Schulter die Anweisung „rechte Schulter entspannen" und nehmen Sie wahr, wie der Körper Ihre Anweisung umsetzt.

Richten Sie Ihre Aufmerksamkeit nun auf die linke Seite. Nehmen Sie Ihr linkes Schlüsselbein wahr. Gehen Sie mit Ihrer Wahrnehmung so nah wie möglich an diesen Knochen, visualisieren Sie ihn zusätzlich. Er verläuft horizontal. Verfolgen Sie ihn von der Halsgrube langsam nach außen und lassen Sie ihn währenddessen immer glatter und länger werden, als ob Sie ihn bügeln würden. Von der Halsgrube aus unendlich lang nach außen werden lassen – körpergrenzenlos.

Machen Sie das Gleiche mit dem Oberrand des linken Schulterblatts. Suchen Sie ihn am Rücken auf und machen Sie ihn von innen nach außen so lang, wie es nur geht – und noch ein wenig mehr. Vorne das Schlüsselbein, hinten den Oberrand des Schulterblatts, wie zwei parallel laufende Linien. Beide gemeinsam koordinieren. Geben Sie sich die Zeit, die Sie dafür benötigen.

Vielleicht hat sich die Kugel des Oberarms schon gemeldet? Spüren Sie sie und erlauben Sie ihr, sich komplett zwischen den beiden langen Linien (Schlüsselbein und Schulterblattoberrand) zu positionieren und zu entspannen. Exakt in der Mitte balancieren und schweben lassen.

Entspannen Sie dabei den Oberarmknochen nach unten, ohne das Konstrukt zu verändern.

Spüren Sie dem Unterschied zwischen der linken und der rechten Seite nach.

Richten Sie nun auch die rechte Seite so aus, wie Sie es gerade mit der linken getan haben, damit Sie sich wieder symmetrisch fühlen.

Den Unterschied spüren

Wie ist es Ihnen ergangen? Haben Sie den Unterschied von einer Seite zur anderen gespürt? Das Potenzial dazu, das Sie in sich tragen, ist enorm, ich versichere es Ihnen – auch wenn ich Sie vielleicht gar nicht kenne.

Stellen Sie sich kurz vor, wie es wäre, wenn Sie einen echten Dialog mit Ihrem Körper führen könnten.

Körperdialog

Ich meine es ernst: Sie sagen dem Körper etwas, und er antwortet Ih-
nen. Er sagt Ihnen etwas, und Sie können ihn hören. Klingt verrückt?
In der ersten Werkstatt haben Sie gerade eine kleine Kostprobe be-
kommen; Sie haben mit ihrem Körper gerade einen kurzen, aber fei-
nen Dialog geführt. Und dieser Dialog ist das Natürlichste der Welt.
Eine Gabe, die uns in die Wiege gelegt wurde. Eine Gabe, die uns
Leichtigkeit, Liebe, Urvertrauen, Selbstbewusstsein und göttliche
Verbindung schenkt.

Placebo und Nocebo

Ein Tipp, wenn die Übungen nicht auf Anhieb funktionieren und sich die beschriebenen Wahrnehmungen nicht einstellen wollen: Sie müssen es wollen und erwarten. Doch wie kann das funktionieren?

Wir arbeiten hier mit Teilen unseres Körpers, die sich der willkürlichen Kontrolle entziehen. Also benötigen wir einen alternativen Zugang. Sprechen wir einmal der Einfachheit halber vom Placebo-Effekt – den kennt wohl jeder (auf Lateinisch heißt placebo „ich werde nutzen"). Meist allerdings mit negativer Konnotation, beschreibt der Effekt doch etwas, das eigentlich nicht sein kann, etwas Unechtes, das man sich nur einbildet.

Doch der Placebo-Effekt ist kein Hokuspokus, sondern real. Sein Name sagt es: Er hat einen Effekt. Und den können Sie nutzen. Das heißt, Ihre Vorstellung gestützt von der Erwartung und dem Vertrauen, dass es schon klappen wird, bringt Ihren Körper dazu, tatsächlich zu reagieren.

Das Gegenstück zum Placebo-Effekt, der sogenannte Nocebo-Effekt (auf Lateinisch „ich werde schaden"), ist weniger bekannt, aber genauso real. Die feste Überzeugung, dass etwas nicht funktionieren kann, steht einem Gelingen ebenso effektiv im Weg, wie eine positive Haltung zum Gelingen beiträgt.

Sie sehen: Wir haben die Wahl.

Innen- oder Außenperspektive?

Wir alle haben schon einmal unseren eigenen Körper perfekt zum Meditieren vorbereitet. Wir alle haben ihn schon einmal voller Bewunderung und Dankbarkeit als ein Geschenk des Himmels betrachtet und gespürt. Und das sogar schon, bevor wir gehen konnten. Mit Neugier beobachteten wir als Babys damals unsere Hände, wir bewegten sie zart und bedacht und studierten ihre Möglichkeiten. Dabei genossen wir dieses Einssein mit dem Körper. Ab dem Moment, in dem uns bewusst wurde, dass diese Hand, die sich da gerade vor unseren Augen bewegte, unsere eigene war, waren wir in direktem Kontakt und Dialog mit unseren Inneren. Das erste Krabbeln, die ersten Schritte, Roller- und Fahrradfahren lernen ... Wir waren stets im Gespräch mit unserem Körper, wenn wir nicht daran gehindert wurden. Und wir haben uns die Zeit gelassen, die wir benötigten. Wir beschäftigten uns mit ihm als unserem allerbesten Freund. Und wie ein guter Freund hat er uns klare Signale gegeben, die uns sehr oft geschützt haben, weil es selbstverständlich war, ihm zu vertrauen. Wir hatten den perfekten inneren Halt, nicht nur auf körperlicher Ebene.

Warum und wann haben die meisten von uns diese Verbindung aufgegeben? Die Gründe und der Zeitpunkt sind individuell sehr unterschiedlich, und jeder hat seine eigene Geschichte zu erzählen. Aber die meisten von uns teilen einen gemeinsamen Grund, vielleicht ist er sogar die Mutter aller Gründe: die Bewertung anderer. „Das machst du toll!", „Das hast du so schön gemalt!" „Du kannst super tanzen!" „Mensch, bist du stark!" „Du bist ein braves Mädchen!"

Fühlen Sie sich erwischt? Keine Sorge, mir selbst geht es auch so. Diese Sätze habe ich nicht nur schon oft gehört, sie sind mir als

Mutter auch selbst häufig herausgerutscht. Es lohnt sich, darüber nachzudenken: Lob ist, wiewohl gut gemeint, eine Bewertung, nicht anders als Genörgel und Kritik – und genauso toxisch.

Nehmen wir an, Sie malen in Ihrer Freizeit. Ein Freund von Ihnen kommt vorbei, sieht das Bild, das Sie gerade auf Leinwand malen, und sagt zu Ihnen: „Das hast du schön gemacht!"

Lassen Sie sich Zeit, um diesen Satz auf sich wirken zu lassen. Einfach so, ohne etwas dabei zu suchen oder zu erwarten. Jetzt stellen Sie sich dieselbe Situation vor, nur sagt Ihr Freund: „Dieses Bild gefällt mir besonders gut!"

Welche Rückmeldung gibt Ihnen Ihr Herz dabei? Nehmen Sie sich wieder Zeit, um beide Sätze auf sich wirken zu lassen. Spüren Sie den Unterschied?

Bitte verstehen Sie mich richtig. Ein individuelles Feedback zu bekommen, ist eine feine Sache, vor allem wenn es von Herzen kommt und authentisch ist. Aber die oben genannten lobenden Sätze sind keine solche Rückmeldung. Sie sind eine Bewertung, sie beanspruchen ein Richtig oder Falsch.

Sich aus eigenem Antrieb zu bewegen, etwas aus seinem Inneren heraus zu gestalten, ist für den Menschen etwas Lebensnotwendiges und Natürliches. Es ist wie Atmen, es kommt aus unserem Kern. Doch wir loben das Atmen nicht, höchstens sind wir dankbar dafür, dass die Atmung da ist! Und hoffentlich auch in der Lage, sie bewusst zu genießen.

Kein Mensch, der gesund auf die Welt kommt, würde von sich aus nichts tun. Bewegen und Gestalten gehören zum Menschsein.

Jede Art von Bewertung hat massiven Einfluss auf die innere Haltung, die wiederum die Körperhaltung (äußere Haltung) und die Kommunikation mit dem eigenen Körper (meditative Haltung) enorm beeinflusst.

Die meisten von uns haben irgendwann aufgehört, auf die Stimme des Körpers zu hören, weil die Stimme des Lobes lauter war, zumindest für unser Ego und unseren Verstand. Bei Kritik, Korrektur und Lob geht es um Falsch und Richtig. Wie viel friedvoller und harmonischer könnten wir leben, wenn wir damit aufhören würden, immer alles zu bewerten. Für mich als Körpertrainerin und Haltungscoach ist das ein sehr wichtiges Thema.

Das Coaching ist essenziell für meine Arbeit. Coachen bedeutet begleiten, und begleiten heißt für mich unterstützen, nicht manipulieren. Die Integrität des Menschen soll dabei bewahrt werden. In dem Arbeitsbuch einer Coaching-Ausbildung, die ich vor Jahren absolvierte, findet sich ein feinsäuberlich alphabetisch sortierter Katalog mit vorgefertigten „Lobessätzen". Es sind viele Sätze, und sie sollten uns Instruktorinnen und Instruktoren dazu inspirieren, beim Coaching mehr zu loben. Ich weiß noch, wie schwer ich mir tat, diese Sätze als Inspiration anzunehmen oder sie gar zu verwenden. Ich habe es versucht, aber es fühlte sich gar nicht gut an. Auch die Rückmeldung meiner Kursteilnehmer dazu war nicht positiv ... kein Wunder.

Spannend war zu erleben, dass manche süchtig nach meinem Lob wurden, andere sich wiederum ein wenig distanzierten, wenn ich sie coachen wollte. Insgesamt hatte ich das Gefühl, dass das Vertrauen oder besser gesagt die Verbindung zu mir ein wenig darunter litt. Ich merkte, wie die Teilnehmer ihren Fokus immer mehr nach außen richteten. Das war erstaunlich, denn mein Unterricht, die Begleitung mit meinen Händen und die Choreographie der Übungen sollten ja eigentlich bewirken, dass der Fokus nach innen ging. Aber dieses Loben verursachte einen sofortigen Richtungswechsel. Das war faszinierend und gleichzeitig erschreckend zu beobachten.

Irgendwann hatte ich verstanden, dass ich das Lob gegen eine positive, authentische Rückmeldung austauschen musste, die aus meinem Inneren kommen muss – als eine echte Begleitung für den Betreffenden, ein wahres Coaching. Und so ersetzte ich die Lobesfloskeln durch ein einfaches „ja, genau so" oder Ähnliches, wenn der Körper in die „richtige" Richtung ging. Der Unterschied war bemerkenswert, der laufende Prozess wurde nicht mehr gestört.

Mittlerweile bin ich sehr wachsam, wenn mir jemand die Frage stellt: „Ist es so richtig oder eher so?" – vor allem im Zusammenhang mit der Beckenaufrichtung. Dabei wird dann das Becken entweder nach vorne oder nach hinten gekippt, eben von außen gesteuert, sodass die natürliche Mitte dabei nicht gefunden werden kann. Ich motiviere immer dazu, die Frage umzuformulieren. Das macht viel aus.

Viele meiner Kursteilnehmer kennen die Anweisung, das Becken auf keinen Fall nach vorne zu kippen, denn dann hätten sie ein Hohlkreuz. Das Hohlkreuz scheint wie ein Giftpilz zu sein, viel giftiger als das „Rundkreuz". Deshalb kippen viele, aus Angst, sich zu „vergiften", bewusst das Becken. Das Problem dabei: Die Knochen werden mit Hilfe der äußeren Muskeln in eine unnatürliche Position gezwungen. Und die Zeche zahlen am Schluss Gelenke, Sehnen, Faszien und Nerven.

Merken Sie es sich: Sie können Ihre Mitte und Ihr optimales Körperlot nur finden, wenn Sie keinen Filter von Richtig und Falsch verwenden. Sie müssen Ihrer Knochenintelligenz vertrauen lernen.

Wir wünschen uns häufig eine schnelle Antwort, schnellen Halt von außen, weil wir von klein an daran gewöhnt sind. Aber dieser Halt ist nicht nachhaltig, dieser Halt macht abhängig und manchmal sogar süchtig. Dieser Halt ist in Wirklichkeit gar keiner.

Die Lösung ist, den Fokus wieder nach innen zu richten, denn da innen gibt es keine Bewertung. Es gibt nur ein sehr intimes Gespräch unter vier Augen – Ihr Körper und Sie. Und so findet sich auch die Lösung. So einfach ist es.

Die gute Nachricht: Es ist nie zu spät, diesen Zugang wieder zu gewinnen, und nicht nur das: Er lässt sich auch verfeinern und spannender gestalten. So wie es nie zu spät ist, eine Fremdsprache zu lernen, wenn man die richtige innere Motivation hat.

Machen Sie sich Folgendes klar, wenn Sie den Meditationen und Übungsanweisungen in diesem Buch folgen: Es gibt kein Richtig oder Falsch. Es geht nur darum, dass Sie wieder in diesen innigen Kontakt mit Ihrem Körper treten und durch „Learning by doing" immer selbständiger werden.

Mit der folgenden Meditation zeige ich Ihnen, wie Sie selbst Ihre Taschenlampe nach innen richten können, um besser und differenzierter zu sehen.

Eine letzte Vorbemerkung zur Meditation

Sie bereiten Ihren Körper auf diese Meditation vor, indem Sie ihn beobachten und zu seiner ursprünglichen und natürlichen Durchlässigkeit zurückfinden lassen. Damit Sie Ihren Körper mit der Vorstellungskraft unterstützen können, gebe ich Ihnen Bilder und Modelle vor.

Besuchen Sie die Körperteile, die ich im Laufe der Meditation nennen werde, wie alte Freunde, die Sie lange nicht mehr gesehen haben. Mit Freude und Dankbarkeit, weil sie alle für Sie da sind und zur Verfügung stehen. Sie können mit ihnen ab jetzt eine Art Dialog führen.

Setzen Sie sich entspannt auf Ihre gewünschte Unterlage – auf den vorderen Rand eines Stuhls oder im Schneidersitz auf eine Matte.

Schließen Sie sanft die Augenlider. Oberlid und Unterlid wie zwei Pergamentpapiere aneinander bringen. Dahinter befinden sich Ihre wachen Augen.

Besuchen Sie nun erst einmal Ihre Füße.

Lassen Sie jeden Zeh in seiner Länge los und entlasten Sie das Fersenbein in die Gegenrichtung. Zehen in ihre Länge loslassen, und das Fersenbein einen zarten Gegenhalt machen lassen. Betonung auf „lassen".

Fußknochen entlasten

Den rechten Fuß. Den linken Fuß. Beide gemeinsam.

Lassen Sie die Fläche der Fußsohle sich auf ihrer eigenen Fersenmitte und dem Großzehballen ausrichten. Wie ein Skateboard, das ein Rädchen unter der Mitte der Ferse und ein zweites unter dem Großzehballen hat.

Fußpunkte

Das Fußgelenk begrüßen und bewusst entspannen.

Erlauben Sie sich nun einen Besuch bei den Kniescheiben. Nehmen Sie sie wahr, und lassen sie beide wie zwei wunderschöne Scheinwerfer vom Knie weg strahlen. Vielleicht möchten Sie sogar die Farbe des Lichtes visualisieren?

Kniescheibe strahlen

Richten Sie nun den Fokus auf die zwei Beckenseiten unter den Gesäß-hälften. Die rechte. Die linke. Vom Sitzbeinhöcker bis zum Oberrand des Beckens.

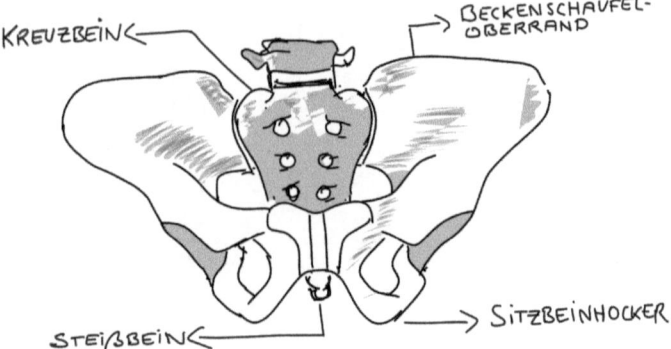

Beckenknochen von vorne

Verbleiben Sie erst einmal bei der rechten Beckenhälfte. Erfassen Sie sie so dreidimensional, wie es dem Gehirn gerade möglich ist. Stellen Sie sich vor, sie könne ein wenig hin und her wackeln, so wie ein lockerer Milchzahn im Gebiss. Vor und zurück, ein ganz kleines bisschen. Ganz intern bleiben. Von außen passiert nichts.

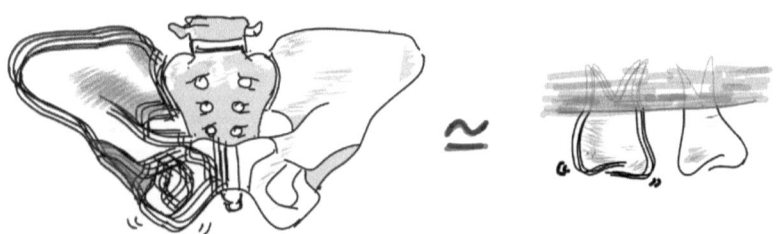

Beckenhälften mobilisieren

Das Gleiche mit der linken Beckenhälfte ausprobieren. Auch sie ist ein Riesenmilchzahn, der sich ein wenig hin und her bewegen kann, unabhängig vom anderen Zahn.

Spüren Sie dabei die möglichen Kommentare des Körpers. Vielleicht spüren Sie eine Resonanz am Kreuzbeingelenk?

Nehmen Sie ganz präzise die unteren Spitzen Ihrer Beckenhälften wahr, die Sitzbeinhöcker. Besuchen Sie beide erst einmal vor Ort.

Lassen Sie sie aufrichten, wie zwei Stäbe, die sich von selbst gerade aufstellen, ohne dass sie von außen gehalten werden müssen. Sie können sie sich als lange Stelzen vorstellen.

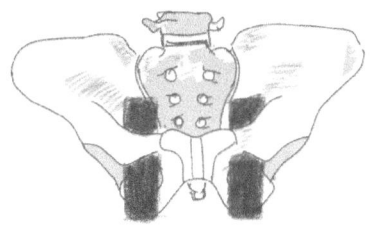

Sitzbeinhöcker als zwei gerade Linien im Becken

Lassen Sie Ihre Sitzbeinhöcker sich wie ultralange Stelzen ganz gerade aufrichten. Den rechten Sitzbeinhöcker und den linken, beide ganz gerade. Beide parallel miteinander.

Auf der eigenen Spitze balancieren lassen, bis sie ihren eigenen Halt finden, ohne von Außenmuskeln „gegrapscht" zu werden. Sie brauchen nichts, um gehalten zu werden. Nur ihre eigene Mitte, Länge und Balance.

Wie fühlt es sich an?

Zwischen und hinter den Sitzbeinhöckern, hinten am Rücken, befindet sich in der Mitte das Steißbein.

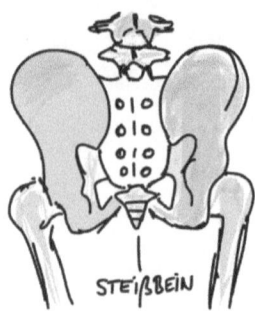

Beckenknochen von hinten; dazwischen, das Steißbein

Auch wenn Sie es gerade nicht richtig spüren können, müssen Sie wissen, dass es da ist und einen wichtigen Beitrag für Ihren Körper leistet. Seien Sie vertrauensvoll. Visualisieren Sie es vor Ort, es ist ziemlich tief gelegen, vielleicht tiefer, als Sie im ersten Moment denken würden. Geben Sie ihm das Bild einer glatten und gerade Linie. Wie ein kleines hängendes Pendel oder ein wunderschöner Ohrring.

Je öfter Sie dem Steißbein einen Besuch abstatten, desto deutlicher werden Sie es spüren und nicht mehr nur visualisieren.

Über dem Steißbein kommt das Kreuzbein.

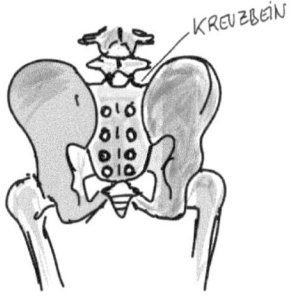

Beckenknochen von hinten; dazwischen, das Kreuzbein

Das ganze Kreuzbein soll das lang gedehnte Steißbein entlasten, es soll sich nach oben abgeben, in Richtung Wirbelkörper, damit das Steißbein sich noch mehr nach unten fallen lässt.

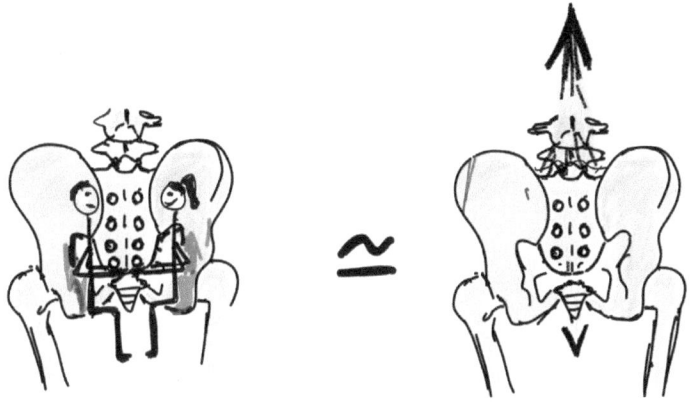

Das Steißbein wird vom Kreuzbein entlastet

Verbleiben Sie am Übergang zwischen Steißbein und Kreuzbein und zeigen Sie beiden Knochen, in welche Richtung sie sich begeben sollen –

respektvoll. Kreuzbein weg vom Steißbein und Steißbein pendelhaft-lang
nach unten fallen lassen. Lassen Sie sich Zeit.

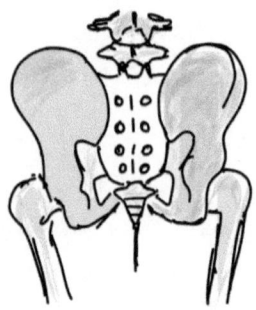

entlastetes Steißbein streckt sich gerade

Nun das Kreuzbein weiter nach oben entlang der Wirbelsäule ausdeh-
nen lassen. Erlauben Sie dabei jedem Wirbelkörper, diesen Impuls der
Abgabe nach oben weiter zu leiten und genießen Sie dabei den Besuch
jedes einzelnen Wirbelkörpers von unten nach oben, wie die Perlen an
einer Schnur. Jede Perle ist einzigartig und strebt nach Leichtigkeit und
Beweglichkeit.

Die Wirbelsäule als Perlenkette.

Der Schädel nimmt das Angebot der Leichtigkeit an. Er schwebt über dem letzten Halswirbel, der letzten Perle der aufgespannten Schnur.

Visualisieren Sie, wie sich diese Schnur weiter nach oben verlängert, durch ihren Schädel, durch den obersten Punkt des Schädeldachs, den Kronenpunkt, durch, und lassen Sie sie weiter nach oben aufspannen, über die Schädelgrenze hinaus. Bis sie an einem imaginären Stern am Himmel aufgehängt werden kann.

Nutzen Sie die Mischung aus echtem Spüren und der Kraft des Visualisierens. Sie werden mit der Zeit immer besser darin.

Unterstützen Sie jeden Knochen mit diesen positiven Bildern und Absichten.

Betrachten Sie aus der Vogelperspektive das gesamte Konstrukt Ihres Körpers. Er braucht kein Halt von außen. Er hat seinen eigenen! Motivieren Sie ihn.

Wie fühlt sich Ihr Körper nach diesem Dialog an? Spüren Sie nach, ohne es zu benennen, ohne es zu interpretieren. Seien Sie für kurze Zeit ein stiller Beobachter dieses Empfindens.

Atmen Sie nun tief durch die Nase ein und aus entspannten Lippen aus. Spüren Sie dabei, wie die Luft durch die Nase zum Körper hin aufgenommen wird und wie die Luft aus völlig entspannten Lippen von alleine nach außen strömt.

Begleiten Sie mit Ihrer Beobachtung in den nächsten Atemzügen das Strömen der Luft. Nur das.

Beim nächsten Mal lassen Sie die Spitzen der Beckenhälften – Ihre Sitzbeinhöcker – die Luft aufnehmen, so wie die Nase es normalerweise macht.

Lassen Sie die aufgenommene Luft über die Sitzbeinhöckerstäbe weiter nach oben gleiten, über das Kreuzbein, über den nächsten Wirbelkörper, weiter nach oben über die ganze aufgespannte Perlenschnur. Und lassen Sie beim Ausatmen die Luft aus dem Kronenpunkt entlang der Schnur weiter fließen bis zu dem Stern, an dem die Schnur aufgehängt ist. Stellen Sie sich die Atmung wie einen Lift vor, der an der Schnur entlang nach oben fährt.

Wiederholen Sie den gleichen Weg mit jedem Atemzug und wählen Sie die Leichtigkeit als Wegbegleiter. Bewusst den Weg entlang der Knochen frei und durchlässig für die Atmung halten. Nirgendwo wird sie angehalten oder festgehalten. Vertrauensvoll weiter fließen lassen!

Behalten Sie diese Körpersensation und beobachten Sie sie erneut mit Dankbarkeit, ohne sie zu interpretieren.

Bedanken Sie sich bei sich selbst, für das einzigartige Wunder, das Sie sind. Wie das Leben selbst.

Versuchen Sie diese Dankbarkeit in Ihrem Brustkorb zu manifestieren. Und stellen Sie sich vor, wie sie in Form von Wärme, Licht oder einem Gel Ihren Brustkorb von innen neugierig erkundet.

Sie füllt den gesamten Innenraum zu den Brustkorbseiten hin aus.

Sie fließt die Innenhaut der Rippen horizontal entlang. Hinten herum, vorne herum.

Sie streichelt die Rippen schön glatt. Und sie breitet sich immer mehr zu den Seiten aus. Je intensiver Sie dieses Bild spüren, desto mehr werden sich der Bauch, die Taille und der Rücken entlasten. Sie werden wieder vernetzt, Ihr Körper wird länger und schmaler.

Mit den nächsten Atemzügen lassen Sie dieses Gefühl sich im Brustkorb weiterhin bewusst zu den Seiten ausbreiten, über die Brustkorbgrenze hinaus, immer weiter. Erlauben Sie ihm Raum nach außen, durch bewusste Durchlässigkeit.

Lassen Sie das Gefühl sich nun auch über den ganzen durchlässigen Körper ausdehnen und füllen Sie jeden Hohlraum des Körpers mit diesem Dankbarkeitsgefühl aus wie mit Licht. Beim Ausatmen aus den entspannten Lippen behalten Sie dabei die bereits eroberten Flächen präsent und ausgedehnt.

Mit dem nächsten Atemzug dehnen Sie Ihr Dankbarkeitslicht über die Körpergrenze hinaus und visualisieren Sie, wie es sich in dem Raum, in dem Sie sich gerade befinden, ausbreitet. Über die Gebäudegrenze hin-

aus, und, ja, wenn Sie möchten, auch über die Erde, über das Universum hinaus. Jeder Atemzug kommt aus Ihrer eigene Mitte. Vielleicht spüren Sie oder mögen Sie visualisieren, wie Sie dabei mit dem Rest der Welt · verbunden sind.

Kommen Sie langsam zurück in den Raum, in dem sie gerade sind, und behalten Sie diese Verbundenheit bei. Nehmen Sie dieses Gefühl mit in Ihren Alltag – das Gefühl der Dankbarkeit und Liebe.

Ich hoffe von Herzen, Sie konnten diese Meditation genießen. Und noch mehr hoffe ich, dass Sie gespürt haben, dass es dabei nicht um Richtig oder Falsch geht. Es geht nur darum, immer intensiver und interner mit dem Körper in Kontakt zu treten.

Je öfter Sie diese Art Meditation durchführen, desto mehr wird Ihnen Ihr Körper selbst Bilder und Sensationen geben. Und je mehr Sie sich diese Bilder zu eigen machen und verwenden, desto intensiver und authentischer wird Ihre Interaktion.

Knochenkonstrukt und Zusammenspiel der Knochen

Stellen Sie sich in einem vereinfachten Modell die Wirbelsäule als perfekte senkrechte Achse vor. Wenn Ihnen diese Visualisierung schwer fällt, können Sie sich auch vorstellen, dass Ihr Rückenmark ohne Hindernisse durch die Wirbelsäule fließen kann – wie der Erdbeershake durch den Strohhalm.

An der Wirbelsäule hängen wie zwei Körbe das Becken und der Brustkorb. Die Ränder dieser beiden Körbe stehen dabei perfekt übereinander.

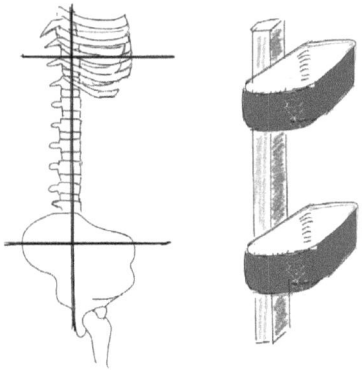

Wirbelsäule als stabile Längsachse - Brustkorb und Becken hängen übereinander

Wird einer der beiden Körbe nach vorne oder hinten verschoben, so muss die senkrechte Achse ihre natürliche Form abgeben und sich verbiegen. So einfach ist es.

Wie schon erwähnt, herrscht Uneinigkeit über die richtige Position des Beckens. Gehört es eher nach vorne gekippt oder nach hinten?

Übersetzen wir diese Frage einmal in ein Bild: Welche der beiden Beckenpositionen ist richtig und welche falsch?

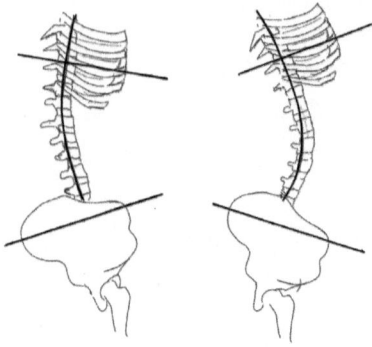

Eine Verschiebung des Beckens oder des Brustkorbs bringt die Wirbelsäule aus dem Lot

Wahrscheinlich gibt Ihnen Ihr Bauch bereits die Antwort: Stimmig und natürlich sieht keine von beiden aus. Falls wir aber in Falsch-richtig-Kategorien denken, um das jeweilige Haltungsmuster aufzulösen, werden wir in beiden Fällen geneigt sein, eine Korrektur vorzunehmen – entweder eine Kippung des Beckens (beim rechten Bild) oder einer Kippung des Brustkorbs (beim linken Bild).
In beiden Fällen wird es ungefähr so aussehen:

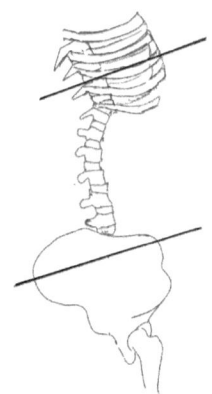

Eine Gegen-Verschiebung des Beckens oder des Brustkorbs von außen bringt die Wirbelsäule nicht ins Lot zurück.

Von außen kann die Korrektur zu dem Anschein führen, der Rumpf sei gerade, doch das täuscht. In Wirklichkeit steht das ganze Konstrukt so unter Stress: Bandscheiben werden gedrückt, Gelenkspalten verengt, Faszien verlieren ihre Länge und die äußere Muskulatur muss plötzlich eine neue Aufgabe übernehmen. Sie muss das Körperhaus von außen festhalten, seine veränderte, ungünstige Statik stabilisieren, damit es nicht „umfällt". All das unnötigerweise. Deshalb: Konzentrieren Sie sich auf Ihr Becken, dann können Sie diesen Irrweg vermeiden.

Beckenknochen und Beckenboden

Eine kleine Frage vorab: Alles, was zur Wirbelsäule gehört, hat die Farbe grün. Alles, was zum Becken gehört, ist rot. Frage: Welche Farbe müsste das Kreuzbein haben?
Lautet Ihre Antwort Rot? Dann ist das ein Hinweis darauf, dass Sie sich das Becken als einen einzigen Knochen vorstellen – und wahrscheinlich auch so behandeln. Sie bewegen es als eine Art kompakte

Gondel vorwärts, rückwärts und zu den Seiten – und Ihre Wirbelsäule muss jede dieser Bewegungen mühsam abfangen. Fest steht: Ein „Ein-Knochen-Becken" ist in seinen Bewegungsmöglichkeiten stark eingeschränkt.

Sie tun sich etwas Gutes, wenn Sie Ihr Kreuzbein sowie das Steißbein als Teil der Wirbelsäule, nicht des Beckens, betrachten. Rechts neben dem Kreuzbein hängt eine Beckenhälfte, links davon die andere. An der Vorderseite des Rumpfes sind beide über die Schambeinfuge – eine Art Bandscheibe – miteinander verbunden.

Legen Sie Ihre Hände länglich und ganz sanft an den Seiten des Beckens an. Sie sollen als Richtlinie für Ihre Knochen dienen.

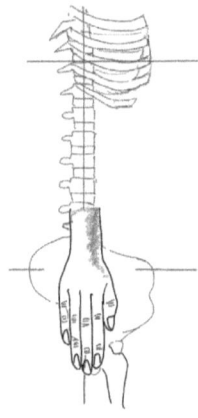

Selbstcoaching - Die Hand zeigt dem Beckenknochen die Aufrichtung.

Die ganze Wirbelsäule mitsamt Kreuzbein und Steißbein in die Länge gestreckt lassen. Sie können diese Längsachse innerlich grün bemalen.

Die ganze Muskelhülle um die Beckenknochen herum aktiv entspannen, vor allem die Gesäßmuskeln. Sie können Ihren Muskeln dabei helfen, indem Sie sie in Ihrer Vorstellung zu Gel werden lassen. Die Muskeln sollen die Knochen nicht festhalten wollen.

Jetzt haben die Beckenknochen mehr Bewegungsfreiheit, auch wenn der Bewegungsumfang sehr klein ist. Unter der rechten Hand geben Sie der rechten Beckenhälfte die Absicht, sich entlang des Kreuzbeins abzugeben und sich hängen zu lassen. Genauso links: Nehmen Sie unter der Hand die linke Beckenhälfte wahr mit der Absicht, sie am Kreuzbein hängen zu lassen. Kein Muskel soll sich dabei in den Weg stellen oder helfen wollen. Sie sprechen mit Ihrem Körper jetzt nur noch „knochisch".

Beide Beckenknochen orientieren sich nun an der Länge Ihrer Hände. Lassen Sie zu, dass sie sich in ihre natürliche Länge entfalten: Lassen Sie zwischen Sitzbeinhöckern und Beckenoberrand den ganzen Knochen sich lang strecken.

In der Folge landen Ihre Sitzbeinhöcker tatsächlich ziemlich weit hinten. So soll es auch sein! Erlauben Sie sich die volle Freiheit zu experimentieren, ohne dass sich Ihr Verstand mit Richtig- oder Falsch-Fragen einschaltet.

Zwischen den beiden Beckenseiten streckt sich ein mehrschichtiger Muskelverbund aus, der sich innerhalb der beiden Beckenhälften wie ein Tuch aufspannt und sie von innen stabilisiert und trägt. Damit Sie diesen Muskelteppich besser spüren können, arbeiten Sie wieder mit Ihrer Vorstellungskraft:

Bleiben Sie entspannt in der vorherigen Knochenaufrichtung. Nun stellen Sie sich zwischen Ihren Sitzbeinhöckern einen Handteller vor, der den ganzen Muskelteppich von unten stützt.

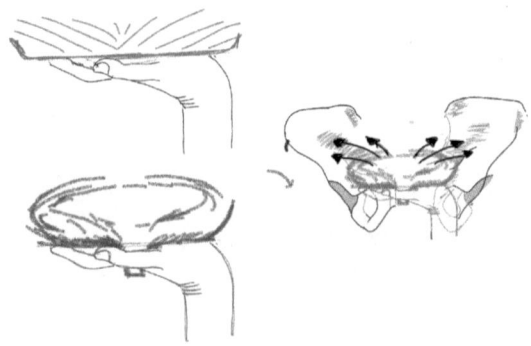

Der Beckenboden als große Tragfläche im Becken.

Erlauben Sie dem Teppich, sich großflächig nach oben anzuheben und gleichzeitig zu den Knochenwänden hin zu dehnen, vor allem nach hinten zum Kreuzbein und zu den Seiten. Lassen Sie den imaginären Handteller in dieser Höhe und konzentrieren Sie sich auf das Ausdehnen, bis Sie spüren, dass sich die Beckenoberränder zu den Seiten hin öffnen, die Beckenknochen von innen gehalten werden und sogar die Beine entlastet werden. Spüren Sie nach, wie sich unterhalb dieses Spanntuchs die Sitzbeinhöcker noch mehr in ihre Länge entspannen können und dabei ein wenig zueinander kommen.

Spüren Sie, wie flexibel das ganze Konstrukt ist. Dehnen Sie das Spanntuch ein wenig mehr nach rechts, ein wenig mehr nach links, diagonal, zu den Seiten ... Wichtig ist nur, dass Sie dabei das Becken nicht von außen verschieben, sondern seine Bewegungen lediglich von innen auskosten. Mit ein wenig Übung werden Sie ganz bald die Beweglichkeit Ihrer Beckenknochen genießen.

Bei sich bleiben

Ja und Nein sagen: aufrichtig und aufrecht

Mit Hilfe der neutralen Aufrichtung der Knochen und der Aktivierung der inneren Muskeln und der Faszien haben Sie im vorherigen Kapitel eine neutrale, durchlässige Körperhaltung kennengelernt.

Diese Körperaufrichtung ist Voraussetzung für das innere Gleichgewicht und für einen klaren Verstand. Beides brauchen wir dringend, vor allem bei Entscheidungen. Und die müssen wir im Leben stets treffen, jeden Tag: Das geht von Kleinigkeiten wie der Wahl des T-Shirts, das wir heute anziehen, bis hin zu den großen Jas oder Neins, die unser Leben komplett verändern. Fordern die kleinen Ja-nein-Entscheidungen uns schon einiges ab, so können uns die großen auch schon einmal überfordern.

Wenn unser Körper in seiner natürlichen, bewussten und präsenten Aufrichtung bleibt, dann sind unsere Entscheidungen und Aussagen authentisch, präsent, klar und von starker Ursprünglichkeit; sie sind akut weder richtig noch falsch, denn im Hier und Jetzt gibt es diese Kategorien nicht, sondern nur die Entscheidung selbst.

Es ist wie beim Überqueren eines Bachs von Stein zu Stein: Wie Sie handeln und sich entscheiden, hängt von dem ab, was Sie im Moment vorfinden. Im Nachhinein, wenn Sie weitere Informationen haben oder die Folgen Ihrer Entscheidung kennen, können Sie sie sehr wohl als richtig oder falsch bewerten. Von der anderen Seite des Baches sehen Sie vielleicht plötzlich viel geeignetere Steine und erkennen einen viel einfacheren Weg. Sie haben jetzt einen anderen Blickwinkel, sehen andere Möglichkeiten und vielleicht gar nicht mehr die Einschränkungen, die Sie vorher gesehen hatten.

Eine Entscheidung ist dann, wenn sie gefällt wird, weder richtig noch falsch, sie ist nur eine Entscheidung – basierend auf dem, was im Hier und Jetzt zur Verfügung steht. Wir brauchen uns also in diesem Moment nicht damit zu befassen, ob wir uns richtig entschieden haben. Täten wir es, so würde dies unseren Verstand aus Angst, das Falsche zu entscheiden, nur ablenken. Dann aber wäre unsere Entscheidung nicht mehr authentisch oder würde am Ende gar nicht getroffen werden.

Andere treffen die Entscheidung dann für uns. Das ist auch eine (häufig sehr willkommene) Gelegenheit, die Verantwortung abzugeben. Doch die Abgabe von Verantwortung geht immer auf Kosten unserer Integrität!

Nein heißt nein und ja heißt ja. Stimmt das so? Mir fällt immer wieder auf, wieviele Menschen Ja sagen, während ihre Körperhaltung gleichzeitig Abwehr ausdrückt. Ihr Körper schreit förmlich „Nein, ich will das nicht!" Er schrumpft zusammen, verkleinert den Innenraum, als ob er signalisieren würde, dass es gar keinen Platz gibt für dieses Ja.

Manchmal wiederum gelingt uns das „Nein, ich will das nicht", aber wir nehmen dabei bewusst oder zumindest halbbewusst eine schlaffe und schiefe Körperhaltung ein, vielleicht, um den Fragenden nicht zu enttäuschen oder zu verletzen. Mit dieser Körperhaltung signalisieren wir ihm jedoch: „Bohre noch ein bisschen, dann sage ich doch Ja."

Sie merken, es ist ein sehr kompliziertes Spiel, das für uns seinen Preis hat. Alles geschieht auf Kosten unseres Körpers, seiner Haltung und letztlich unserer Integrität. Dabei kann alles so leicht sein, wenn wir bei uns bleiben. Meine Hündin Blanca macht es mir jeden Tag vor. Tiere leben im Hier und Jetzt. Was sie zeigen, meinen sie auch. Was war und sein wird, spielt im Moment keine Rolle.

Die Kommunikation zwischen Tieren fasziniert mich, weil sie so leicht und unkompliziert ist und sich viele ihrer Aspekte überraschend gut auf die Kommunikation zwischen Menschen übertragen lassen. Sie inspiriert mich und ich genieße es sehr, wenn ich mit Blanca auf ihre Art und Weise kommuniziere oder, wenn wir unterwegs sind, die Dialoge zwischen ihr und anderen Hunden beobachten darf. Unterschiedlichste Wissenschaftsdisziplinen – Robotik, Medizin, Bionik und so weiter – lassen sich von Tieren inspirieren und versuchen, von ihnen zu lernen. Und Hunde stehen uns Menschen sehr nahe und sind uns sehr vertraut. Daher sind sie erstklassige Coachs für unbelastete und authentische Kommunikation.

Die folgende Meditationsübung wird Sie unterstützen, Entscheidungen von innen heraus zu treffen. Bleiben Sie sich treu, wenn Sie Ja oder Nein sagen, und lassen Sie unnötige und komplizierte Kommunikationsspiele bleiben, bei denen wirklich niemand gewinnen kann.

Ja-Meditation

Für diese Übung können Sie sitzen oder stehen.

Lassen Sie über Ihrem Becken Ihren Brustkorb und über dem Brustkorb Ihren Schädel schweben. Ihre Außenhülle, die Muskeln, passen sich dieser Aufrichtung an. Wie ein Seidenmantel, der sich wunderschön und leicht an Ihr Skelett anlegt.

Die Knochenaufrichtung gibt den Ton an: Beide Beckenhälften so gerade ausrichten, wie es geht, sodass die Sitzbeinhöcker zu langen Stäben, parallel zueinander, im Becken werden. Genau so, wie Sie es bereits in der letzten Meditation erfahren haben.

Lassen Sie diese beiden Stäbe sich ganz vorsichtig annähern, fast als wären sie ein wenig schüchtern miteinander; respektvoll und langsam. Der rechte nähert sich muskellos ein wenig dem linken, der linke nähert sich muskellos ein wenig dem rechten.

Der Oberrand des Beckens entspannt sich zu den Seiten, in die Gegenrichtung. Lassen Sie zu, dass die Beckenhälften sich öffnen!

Atmen Sie nun durch beide Sitzbeinhöcker ein. Lassen Sie den Atem wie einen Skilift durch das Rückenmark hindurch fließen und beim Ausatmen aus dem Kronenpunkt. Schicken sie ihn weiter auf Wanderschaft, nach oben Richtung Unendlichkeit.

Das können Sie so oft wiederholen, wie es Ihnen gefällt. Bringen Sie Ihr Rückenmark zum Blubbern, erwecken Sie es zum Leben. Wie Bläschen in einem Sektglas, die von unten nach oben steigen; feierlich und voller Lebenskraft.

Sagen Sie jetzt laut „Jaaaa". Leiten Sie dabei dieses Ja durch die Sitz-
beinhöcker und lassen Sie es den gleichen Weg wie die Atmung nehmen.
Durch Ihr Rückenmark durch und weiter durch den Kronenpunkt zur
Unendlichkeit.

Das „Ja" fließt von den Sitzbeinhöckern, durch die Wirbelsäule zum Kronenpunkt und
darüber hinaus.

Sie werden dabei immer länger und in dieser Länge entspannen Sie
bewusst alles, was nicht Knochen ist.

Sie können die nächsten Male ausprobieren, das Ja nur zu denken oder
zu visualisieren. Auch so kann es so laut oder leise sein, wie Sie es sich
wünschen. Es spielt keine Rolle.

Manchmal kommen wir im Leben in Situationen, die wir nicht unbedingt in unserer Erfahrungskiste haben wollen – von einfachen Wet-
terproblemen (zu viel Regen, zu viel Sonne, zu kalt, zu warm) bis zu
heftigen Schicksalsschlägen, eventuell verbunden mit körperlichen

und psychischen Schmerzen. In vielen dieser Fälle fühlen wir uns ausgeliefert und machtlos, weil wir die für uns unangenehme oder unerträgliche Situation nicht ändern können.

Diese simple Übung kann Ihnen dabei helfen, eine gewisse Akzeptanz zu gewinnen. Sagen Sie Ja von unten nach oben, durch Ihre Wirbelsäule, durch das Knochenmark hindurch. So gewinnen Sie nicht nur Durchlässigkeit, sondern auch viel Platz für neue Energie, Kreativität und Kraft. Sie werden fokussierter und reaktionsfähiger in der Situation. Das Einzige, was die Übung von Ihnen verlangt, um zu wirken, ist die Bereitschaft, dabei Ja zu sagen. Manchmal ist der Geist noch nicht bereit dafür. Beginnen Sie dann mit dem Körper, über ihn führt oft der leichtere Weg.

Nun stellen Sie sich vor, dass Ihr Atem-Skilift einen neuen Weg hat: vom linken Sitzbeinhöcker diagonal bis zu dem rechten Schulterdach. Verfolgen Sie mental diesen Weg durch den Körper; so oft, bis Sie wirklich eine Vernetzung und eine diagonale Aufspannung im Körper spüren. Machen Sie das Gleiche vom rechten Sitzbeinhöcker diagonal bis zum linken Schulterdach; eine schöne gerade Diagonale.

Jetzt können Sie diesen Weg mit der Atmung begleiten: durch den linken Sitzbeinhöcker einatmen, die Atmung folgt dem Weg des Skilifts, aus dem rechten Schulterdach ausatmen. Gleich danach durch den rechten Sitzbeinhöcker einatmen, diagonal durch den Körper durch; aus dem linken Schulterdach ausatmen. Immer im Wechsel und ebenfalls so oft, wie es Ihnen gefällt.

Jetzt können Sie ein lautes „Neeein" durch den linken Sitzbeinhöcker aufnehmen, es diagonal leiten und aus Ihrem rechten Schulterdach weiterziehen lassen. Dann ein lautes „Neeein" durch den rechten Sitzbeinhöcker aufnehmen, es diagonal leiten und aus Ihrem linken Schulterdach weiterziehen lassen.

Das „Nein" fließt von den Sitzbeinhöckern, diagonal durch den Körper zu den Oberarmkugeln und darüber hinaus.

Mit der Zeit können Sie beide interne Diagonalen, die zusammen ein X ergeben, vernetzt und aufgespannt lassen, während das echte, so gemeinte Nein aus Ihrem Mund, aus Ihrem Inneren kommt.

Schon bevor die Buchstaben aus Ihrem Mund herauskommen, bereiten Sie Ihren Rumpf vor: Ihr Körper wird als Erster Nein sagen.

Probieren Sie es aus. Dieses interne X ist ein wunderbarer Halt für Sie, an dem Sie sich jederzeit festhalten können, wenn es nötig ist. So bleiben Sie sich selbst treu.

Sie sind jetzt bereit, es im Alltag umzusetzen. Sie werden den Unterschied spüren, und auch Ihre Mitmenschen werden ihn spüren, vielleicht noch stärker als Sie. Vielleicht werden sie sogar überrascht sein, doch die meisten werden Ihre Klarheit und Echtheit zu schätzen wissen.

Diese neue Klarheit und Echtheit ist unter Umständen sehr imposant, und nicht jeder kommt damit klar. In ungleichen Beziehungen, egal ob unter Lebenspartnern, Freunden oder Arbeitskollegen, wird es dadurch zwangsläufig zu Veränderungen kommen. In solchen Fällen hat Ihre eigene Integrität die höchste Priorität; für sie müssen Sie Verantwortung übernehmen. Nicht übernehmen müssen Sie hingegen die Verantwortung für die innere Haltung Ihres Gegenüber; allerdings müssen Sie etwaige Konsequenzen Ihrer Veränderung akzeptieren und respektieren.

Atem braucht Platz – und hat ihn auch!

Mit diesem Kapitel öffne ich ein Riesenfass, aus dem enorm viele unterschiedliche Meinungen herausströmen. Schon beim Schreiben kommen sie mir buchstäblich entgegen.

Unser Atemmechanik ist äußerst flexibel. Das sieht man schon an der Tatsache, dass es so viele unterschiedliche, sich zum Teil widersprechende Aussagen über die Bewegung des Zwerchfells, Brustkorbs und Bauches bei der Atmung gibt. Bestimmt haben Sie schon einmal selbst gespürt, wie vielfältig wir atmen können, insbesondere, wenn Emotionen im Spiel sind. Wir besitzen ein großes Repertoire unterschiedlicher Emotionen und passend dazu jeweils eine unterschiedliche Atmung.

Aber gibt es nun die eine Wahrheit zum Atmen oder nicht? Ja, und Sie finden sie in Ihrem eigenen Körper. Erlauben Sie sich jetzt, die Ebene des „Was ist richtig und was ist falsch" zu verlassen und seien Sie offen für die nächsten Wahrnehmungen.

Das Zwerchfell hat nicht nur die Rolle eines Atemmuskels, sondern auch eine statische Funktion: Es trägt den Brustkorb und hält ihn über dem Becken. Und gerade durch diese Funktion kann man sich klar machen, wie die Atemmechanik natürlicherweise funktioniert, wenn sie nicht von außen manipuliert wird:

Nehmen Sie Ihre Fingerkuppen zum Ertasten. Zwischen beiden Schlüsselbeinen spüren Sie eine Art Lücke, die Halsgrube. Unterhalb der Halsgrube spüren Sie den Brustbeinkopf. Tasten Sie sich weiter entlang des ganzen Brustbeins, bis Sie an seinem unteren Ende angelangt sind, dem Schwertfortsatz.

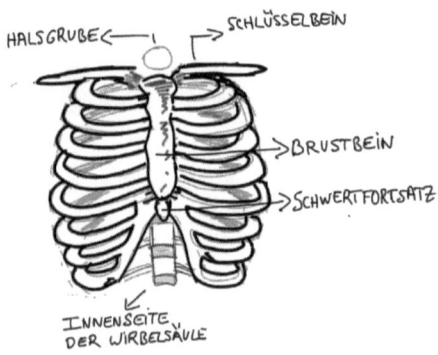

Die Knochen im Brustkorbbereich

Genau auf seiner Höhe wölbt sich im Brustkorb das Zwerchfell wie eine wunderschöne Kuppel. Sein Dach wird von einer Sehnenplatte gebildet, über der sich die beiden Lungenflügel befinden. In der folgenden Abbildung können Sie sehen, auf welcher Höhe sich das Zwerchfelldach befindet (Kreis):

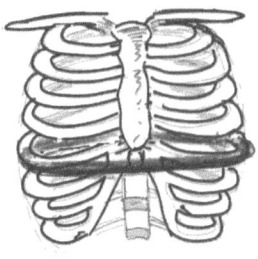

Die Höhe des Zwerchfeldaches innerhalb des Brustkorbs.

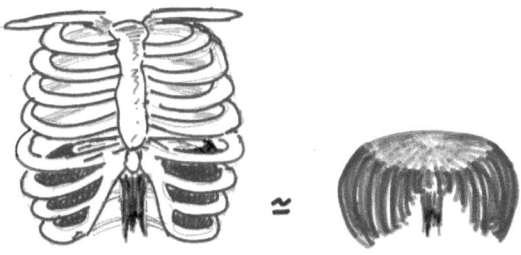

Das Zwerchfell im Brustkorb (links) - Zwerchfell als Sehnenplatte mit Muskelfasern (rechts).

Machen Sie sich von der Lage Ihres Zwerchfells eine möglichst exakte Vorstellung. Dafür können Sie mit Ihren beiden Daumen den ganzen Umfang des Torsos von vorne am Schwertfortsatz des Brustbeins bis hinten zwischen die Spitzen der Schulterblätter abfahren. Weiter geht's: Positionieren Sie auf dieser Höhe Ihre Kleinfinger-Handkanten seitlich am Rippenbogen. Nun heben Sie ganz zart, aber spürbar mit der Handkante diesen Rippenbogen nach oben, als ob Sie ihn tragen wollten. Diese Aufgabe soll Ihr Zwerchfell, so großflächig und dreidimensional wie es ist, von innen übernehmen

– wie ein gewölbtes Tablett, das die ganze Zeit nach oben strebt und von oben gehalten wird.

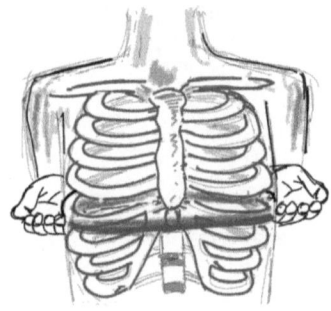

Abbildung 26. Selbstcoaching - Hände seitlich an den Rippen in Höhe des Zwerchfell-dachs tragen den Brustkorb .

Geben Sie dem Bereich oberhalb dieser Tragfläche die Aufgabe, sich besonders leicht zu machen, damit das Zwerchfell kein unnötiges Gewicht tragen muss.

Spüren Sie nach. Vielleicht spüren Sie, wie sich Ihre Brust ein wenig anhebt. Das ist ein gutes Zeichen. Es bedeutet, Ihr großer Brustmuskel übt keine unnötige Kraft mehr auf den Brustkorb aus, sondern erlaubt dem darunter liegenden kleinen Brustmuskel die Trageaufgabe zu erfüllen, die dieser eigentlich hat.

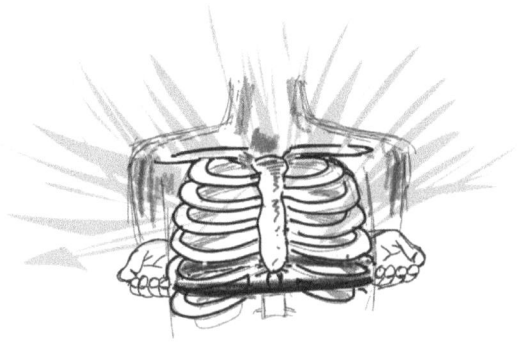

Die Muskeln im Brustkorbberich machen sich aktiv leicht.

Nehmen Sie wahr, was dabei unter diesem tragenden Bereich passiert: Alle Rippenbögen und Muskeln des Bauches, des Rückens und der Taille können sich gefühlt hängen lassen. Sie werden sich immer mehr an Ihren Körper anschmiegen und sich gleichzeitig in die Länge ziehen. Das ist wahres Teamwork!

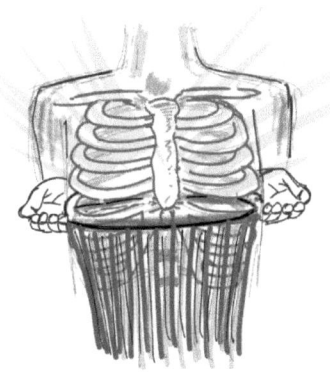

Bauch-, Rücken- und Flanken schmiegen sich zur Körperinnenseite und helfen den Brustkorb zu tragen. Die unteren Rippen entspannen sich vollkommen nach unten.

Nun atmen Sie durch die Nase ein und durch vollkommen ent-spannte Lippen aus. Falls Ihre Hände noch an den Seiten anliegen, werden Sie spüren, wie sich die Rippenbögen zu den Seiten hin ausdehnen. Das ist gut so, aber lassen Sie dabei die unteren Rippen immer noch am Körper angeschmiegt und nach unten entspannt. Spüren Sie, wie viel Platz plötzlich Ihre Lunge hat? Der ganze Brust-korb bekommt seine ursprüngliche Flexibilität zurück, die Bauch-organe unterhalb der Zwerchfellkuppel werden komplett entlastet. Wenn Sie gerade stehen, werden Sie höchstwahrscheinlich spüren, wie auch Ihr gesamter Beckenboden entlastet wird und sich dadurch großflächig nach oben und zu den Seiten aufspannen kann. Diese Entlastung des Beckenbodens ist die zweite wichtige Aufgabe des Zwerchfells!

Wenn Sie an Ihr Zwerchfell denken, machen Sie es sich leicht und geben Sie ihm seine natürliche Tragefunktion zurück. Dann verhält es sich auch in seiner Funktion als Atemmuskel automatisch natür-lich und effizient.

Sich die genaue Höhe des Zwerchfells im Brustkorb vorstellen zu können, ist sehr wichtig! Stellen Sie es sich zu tief liegend vor und setzen Ihre Hände ein paar Rippenbögen zu tief zum Coachen an, so spüren Sie diese Leichtigkeit beim Aus- und Einatmen nicht in glei-cher Weise. Das gesamte Konstrukt verhält sich dann völlig anders. Sie können es gerne ausprobieren, um den Unterschied zu spüren!

Jetzt haben Sie sich eine Meditation verdient:

Im Sitzen, auf einem Stuhl oder im Schneidersitz auf dem Boden.

Richten Sie sich auf Ihrer Sitzunterlage auf: Die Beckenknochen lang aufrichten. Die Sitzbeinhöcker wie Stäbe im Becken senkrecht halten und ganz leicht einander annähern lassen. Die Oberränder des Beckens zu den Seiten hin entspannen und ausweiten.

Das Kreuzbein weg vom Steißbein entlasten. Das Steißbein gerade nach unten entspannen. Alle Wirbelkörper zusammen mit dem Kreuzbein nach oben motivieren, bis zum Kronenpunkt. Wie eine Perlenkette, die nach oben gezogen wird, bis sie ganz gerade ist. Das Ende dieser Kette ist immer noch Ihr Steißbein, das nach unten hängt. Zwischen den Perlen ist viel Luft und Platz.

Lippen leicht und entspannt öffnen. Durch die Nase einatmen und dabei die Kurve der Rippenbögen zu den Seiten hin ausdehnen lassen. Aus dem Mund ausatmen und die aufgespannte Wirbelsäulen-Perlenkette in die Länge, in die Senkrechte begleiten. Visualisieren Sie sie.

Noch mindestens vier Mal. Beim Einatmen bewusst den Brustkorb seitlich ausdehnen, beim Ausatmen die Wirbelsäule von unten nach oben aufspannen lassen.

Mit den nächsten Atemzügen lassen Sie zusätzlich auch die Beckenschaufeloberränder sich zu den Seiten hin ausdehnen. Geben Sie ihnen auch eine waagerechte Ausrichtung.

Einatmen und bewusst die Rippen und die Beckenschaufeloberränder zu den Seiten hin ausdehnen, ausatmen und den Raum zwischen den Wirbelkörpern erhalten.

Wenn die unteren Rippen am Körper bleiben, spüren Sie spätestens jetzt, wie der Bauch, der Rücken und die Taille sich zum Körperinneren hin heranholen lassen. Sie schmiegen sich mit jedem Atemzug näher an die Körpermitte. Unterstützen Sie diese Bewegung der Rumpfmuskeln bewusst.

Beim Einatmen den Oberrand des Beckens und der Rippen seitlich ausdehnen lassen, beim Ausatmen bewusst die Wirbelsäule lang gestreckt lassen. Die Rumpfmuskeln unterstützen diese Länge.

Vielleicht möchten Sie nun das Zwerchfell wahrnehmen, wie es seine natürliche und wunderschöne Form einnimmt. Die Form eines aufgespannten Bogens mit einer aufgerichteten Kuppel; ganz mittig.

Genießen Sie jeden Atemzug im Einklang mit dem Körper. Der ganze Körper atmet mit. Die Körperbewegung ähnelt Ebbe und Flut.

Beobachten Sie, welche Emotionen hochkommen und lassen Sie sie einfach zu. Nehmen Sie sie wahr, aber halten Sie sie nicht fest. Beobachten Sie sie nur und geben Sie ihnen den Raum zum Kommen und zum Gehen, so wie der Atmung.

Falls Sie ihre Augenlider geschlossen hatten, öffnen Sie sie nun wieder langsam. Atmen Sie weiter mit diesem vielleicht neuen Verhalten. Bleiben Sie bei sich und nehmen Sie gleichzeitig Ihre Umgebung wahr. Die Farben, die Formen, die Geräusche ... Nicht alles auf einmal, sondern immer nur so viel, wie mit einer guten Portion Leichtigkeit und Genuss gerade möglich ist.

Nach dieser kleinen Meditation können Sie diese innere Aufrichtung in den Alltag oder in Ihre eigene Lieblingsmeditation integrieren.

Etwas Körperphysik

Auf den Standpunkt kommt es an

Die Füße sind ein Teil des Körpers, der besonders malträtiert wird. Auf sie richten wir unsere Aufmerksamkeit meistens nur dann, wenn sie schmerzen. Wir stecken unsere Füße in die unterschiedlichsten Schuhe, mit oder ohne Einlagen. Und machen uns keine Gedanken, ob die Füße vielleicht so etwas wie eine natürliche Haltung haben.

Ja, die haben sie, und sie ist entscheidend für die gesamte Körperhaltung. Wie entscheidend, zeigt das Folgende: Harninkontinenz hat ihre Ursache ganz häufig in „Plattfüßen": Wird das Quergewölbe des Fußes durchgedrückt, so hängen auch sehr oft der innere Muskelteppich im Becken und die Wölbung des Zwerchfells durch – mit fatalen Auswirkungen auf die Körperstatik.

Mit ein paar einfachen Mitteln bringen Sie Ihre Füße wieder in ihre natürliche Aus- und Aufrichtung:

Falls Sie kleine Glasmurmeln zur Verfügung haben, nehmen Sie sie als Hilfsmittel für diese Übung zur Hand. Sie können diese Übung aber auch nur mit Ihrer Vorstellungskraft machen.

Sitzen Sie am besten am vorderen Rand eines Stuhles. Die Füße sind ein wenig voneinander entfernt und die Knie schweben über der jeweiligen Ferse.

Nehmen Sie Ihre Füße in ihrer Ganzheitlichkeit wahr. Sie bestehen aus Knochen mit vielen Gelenken dazwischen. Unter diesem Knochendach befinden sich unterschiedliche Muskelschichten, längs und quer ausgerichtet, zusammen mit Faszien und Sehnen.

Jetzt strecken Sie alle Zehen nach vorne parallel zum Boden aus, wie kleine Teleskopantennen, die sich ausziehen lassen. Schaffen Sie Platz in den Gelenken zwischen den Zehenknochen. Gleichzeitig strecken Sie das Fersenbein in die Gegenrichtung. Beides gemeinsam: Zehen nach vorne und das Fersenbein nach hinten. Den Knochen diese Information geben und sie machen lassen.

Das Knochendach in dieser horizontalen Zugrichtung beibehalten, mit der Absicht, jedes Gelenk zu befreien. Gleichzeitig mit der Absicht arbeiten, die Muskeln unter den Knochen senkrecht nach unten zu entspannen, wie ein warmer Sommerregen.

Wenn Verwirrung aufkommt, weiter mit der Absicht und der Visualisierung arbeiten, bis der Körper selbst folgt. Knochen in die Länge dehnen, Muskeln senkrecht nach unten entspannen.

Diese Koordination üben und mögliche Resonanzen an den Beinen, am Becken oder an anderen Körperstellen wahrnehmen. Nehmen Sie dabei die Leichtigkeit wahr. Vielleicht spüren Sie, wie die Füße mehr und mehr von Druck entlastet werden, auch wenn ihr Kontakt zum Boden weiter besteht.

Nun positionieren Sie eine Murmel unter der Mitte der runden Ferse und dem Großzehballen, da, wo das Gelenk sich befindet. Den Druck der Murmeln auf die beiden Fußpunkte wahrnehmen. Die ganze Fläche der Fußsohle genau auf diesen zwei Punkten ausbalancieren.

Die Knochen bleiben in die Länge gestreckt. Aktivieren Sie nun die Muskeln direkt um die Murmeln herum nach unten, als ob sie die Murmeln umarmen könnten, während Sie den Murmeldruckpunkt gleichzeitig nach oben saugen. Den Druck der Murmel von unten nach oben willkommen heißen und gleichzeitig, von oben nach unten die Muskeln der Fußsohle wie Gel oder wie einen warmen Regen um die Murmeln herum fließen lassen. So aktivieren Sie auf einen Schlag das Längs- und das Quergewölbe des Fußes.

Beide Druckpunkte am Fuß gleichzeitig so aktivieren lernen, im Wechsel am rechten Fuß, am linken Fuß, drei Mal. Dann beide Füße gemeinsam, mindestens fünf Mal.

Ist ein Echo an den Beckenknochen spürbar? Oder vielleicht irgendwo anders?

Wiederholen Sie es so oft, bis ihre Füße diese Koordination verinnerlicht haben. Auch wenn es vielleicht ein vollkommen neues Muster für das Gehirn ist.

Versuchen Sie das Ganze nun ohne Murmeln.

Stehen Sie danach auf und üben Sie das Ganze im Stehen. Auch im Stehen haben Ihre Füße die gleiche Ausrichtung.

Bedanken Sie sich bei Ihren Füßen – für das raffinierte Konstrukt, das sie sind, und für die Stabilität, die sie Ihnen geben. Versprechen Sie ihnen, sie ab jetzt bewusst wahrzunehmen und ihnen treu zu sein.

Es gibt noch weitere Möglichkeiten, die Fußmuskeln ganzheitlich zu aktivieren. Manchen meiner Teilnehmer gelingt die Koordination und Aufrichtung mit der folgenden Übung besser. Probieren Sie aus, was Ihnen besser gefällt und für Sie wirkungsvoller ist.

Sie brauchen zwei Schaschlikspieße aus Holz. Legen Sie sie auf den Boden, ungefähr eine gute Handbreit auseinander, die oberen Spitzen ein wenig mehr auseinander als die unteren. Platzieren Sie nun Ihre Füße so auf die Spieße, dass diese unter der Linie zwischen Fersenmitte und Mittelzehe liegen.

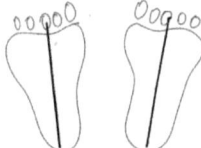

Position des Schaschlikspießes unterhalb der Fußsohle.

Nehmen Sie sich zuerst den linken Fuß vor. Lassen Sie die Fußsohle sich in der Länge, die der Spieß ihr vorgibt, anpassen und ausrichten, als wäre der Spieß eine Schiene. Die Zehen dabei nach vorne entlasten, als ob die linke Fußsohle eine Wirbelsäule besitzen würde und sich lang, sehr lang strecken könnte.

Nun haben Sie neben der „Fußwirbelsäule" eine langgestreckte Innenseite und eine langgestreckte Außenseite. Lassen Sie diese beide Seiten immer mehr zur Wirbelsäulen-Mittellinie hin fließen. Die Innenlinie und die Außenlinie nähern sich einander, als ob sie beide den Spieß in seiner Länge stützen und stabilisieren wollten.

Alle Fußmuskeln nun in Gel verwandeln. Betonen Sie die Innenseite zur Mitte hin einen Tick mehr, sie braucht es am meisten. Spüren

Sie, wie die Fußmuskeln geweckt werden. Der Quer- und der Längsgewölbe machen sich bemerkbar.

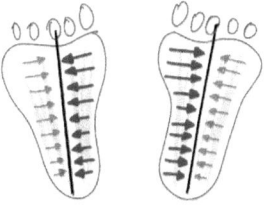

Fußsohlenmuskeln wecken mit Hilfe des Schachlikspießes

Je mehr diese Muskeln aktiv bleiben, desto mehr können sich die Fußknochen und in der Folge alle Gelenke entlasten: das Fußgelenk, das Kniegelenk und sogar das Hüftgelenk.

Jetzt können Sie das linke Bein mit dem anderen vergleichen.

Und nun aktivieren Sie genauso die rechten Fußmuskeln: Den Fuß auf dem Schaschlikspieß in die Länge dehnen und aufrichten. Die Innenlinien und Außenlinien neben dem Spieß als Ganzes zum Spieß hin bringen – die Innenlinie einen Hauch mehr Richtung Außenlinie.

Nun können sich auch hier das Fußgelenk, das Kniegelenk und das Hüftgelenk von Gewicht befreien.

Wenn Ihre Fußmuskeln dauerhaft aktiver sind, werden Sie mit der Zeit spüren, wie die anderen Tragflächen im Körper – Ihr Beckenboden und das Zwerchfell – sich gleichfalls besser nach oben aufspannen können.

Sie sind noch nicht ganz überzeugt? Dann machen Sie kurz die Gegenprobe. Machen Sie „Plattfüße": Ziehen Sie bewusst beide Fußsohlenlinien vom Schaschlikspieß weg anstelle zu ihm hin. Mehr Druck und Gewicht auf dem Spieß sind die Folge, und höchstwahrscheinlich werden auch Ihr Beckenboden und Ihr Zwerchfell Spannung verlieren und nach unten tendieren.

Aktivieren Sie also immer Ihre Fußsohlenlinien zur Mittellinie des Fußes hin. Ihre ganze Körperstatik bekommt dadurch eine gute Basis.

Auf eigenen Fersen stehen

Fersen, nicht Füße, Sie haben richtig gelesen: Ich bin sehr dafür, diese Redewendung abzuändern. Auf eigenen Fersen sollten wir stehen, genauer gesagt, über den eigenen Fersen schweben. Denn sonst parken wir den ganzen Körper auf den Füßen und drücken sie dadurch platt. Wir nehmen den Fußmuskeln die Möglichkeit, zu arbeiten, statt sie zu unterstützen.

Wenn sich unser Körper exakt senkrecht über den Fersen aufrichtet, bekommen alle Gelenke die Chance, sich komplett zu entlasten. Die tiefsten Muskelschichten und die Faszien dürfen wieder ihre ursprüngliche Aufgabe erfüllen: halten, stabilisieren und strecken. Die Hülle der großen Außenmuskeln darf sich daran anpassen und den Körper in seiner natürlichen Länge modellieren, wie ein Seidenmantel. Dann halten wir uns von alleine, wir stehen auf beziehungsweise schweben über den eigenen Fersen.

Lust auf eine weitere Meditation? Dann probieren Sie doch gleich Folgendes aus:

Stehen Sie entspannt und nehmen Sie mit den Augen eines Architekten die Statik Ihres ganzen Körpers wahr. Achten Sie besonders darauf, an welchen Stellen die Füße belastet werden.

Jetzt richten Sie Ihre Aufmerksamkeit auf die Fersen. Nehmen Sie von der ganzen Fußsohle nur die runde Fläche am hinteren Drittel wahr, als ob Sie keinen Mittel- und keinen Vorderfuß hätten.

Sie können sich diese runde Fläche als Bierdeckel vorstellen, über dem Sie jetzt einen Turm aus unterschiedlichen Bauklötzen errichten – einen Turm über der rechten Ferse und einen zweiten über der linken Ferse. Mittel- und Vorderfuß werden am Ende komplett entlastet.

Nehmen Sie dabei die Unterschenkelknochen wahr und richten Sie sie exakt senkrecht auf der zugehörigen Fersenmitte auf, so dass sie sich von alleine gerade halten können. Den rechten Unterschenkel und den linken Unterschenkel. Lassen Sie beide balancieren, bis jeder seine eigene Stabilität bekommt. Sie sind die beiden ersten Bauklötze auf Ihren Bierdeckeln.

Über diese ersten Bauklötze richten Sie die Oberschenkelknochen so auf, dass auch sie sich von alleine halten, exakt über den Unterschenkelknochen. Seien Sie offen für die neue Körperstatik, auch wenn die sich erst einmal ungewohnt anfühlt und die oberen Körperteile noch nicht genau wissen, was sie davon halten sollen.

Falls Sie zu starken Druck spüren, können Sie sich zwischen Unterschenkel und Oberschenkel ein Luftpolster denken. Entspannen Sie dabei die Kniescheibe, ziehen Sie sie nicht extra zum Bein hin.

Über der rechten Oberschenkelkugel schwebt die rechte Beckenhälfte – der dritte Bauklotz. Und über der linken Oberschenkelkugel die linke Beckenhälfte.

Nun haben Sie die zwei Türme gebaut. Jeder Bauklotz schwebt über dem darunter befindlichen. Mit dieser Architektur arbeiten wir jetzt weiter:

Ziehen Sie bewusst den Brustkorb weg von den Beckenhälften, exakt darüber, so dass Ihre Taille länger wird, wie die Taille eines aufgerichteten Erdmännchens. Der Brustkorb schwebt ganz präzise über dem oberen Rand des Beckens.

Nun als letzten Bauklotz den ganzen Schädel wahrnehmen. Ganz leicht soll er exakt über dem allerletzten Knochen der Wirbelsäule, dem Atlas, balancieren und schweben. Lassen Sie sich Zeit, bis kein Muskel mehr von außen Ihren Kopf festhalten muss.

Spüren Sie nach. Nehmen Sie dabei Ihre eigenen Herausforderungen wahr.

Um das Ganze zu intensivieren, legen Sie Ihre Hände ganz zart an die Außenseite der Oberschenkel. So, als ob Sie seitliche Hosentaschen ertasten würden. Ihre Hände sollen Ihre Muskeln nun coachen. Mit Hilfe der Wärme Ihrer Hände entspannen Sie den Oberschenkelmuskel. Stellen Sie sich vor, die Oberschenkel bestünden aus Gel, wie das blaue Gel in einem Cold/Hot-Pack. Durch die Wärme verflüssigt es immer mehr. Lassen Sie dieses Gel immer mehr zum Knochen hin gehen. Mit imaginären Händen machen Sie das gleiche mit den Innenseiten, Vorderseiten und Hinterseiten der Oberschenkel. Alle Muskeln um den Knochen herum lassen dabei die ganze Luft raus. Die formbaren Muskeln immer intensiver mit diesem Bild begleiten.

Sobald Ihre „Gelmuskeln" nachgeben und sich zum Knochen hin entspannen, lassen Sie zu, dass sie sich entlang der Knochenhaut in die Länge verteilen. Als ob das Gel die Knochenhaut in ihre maximale Länge glattziehen würde.

Nehmen Sie wahr, wie Ihr Becken sich nach oben entlastet. Die Beine beanspruchen immer mehr ihre Länge und ihre Leichtigkeit. Es sind nun nicht mehr die Beine, die Sie tragen. Diese Aufgabe übernimmt jetzt das Becken beziehungsweise die Spanntuchmuskeln darin. Je mehr die Beine in die Länge entspannt und gezogen werden, desto mehr hebt sich das Becken nach oben. Der untere Teil des Beckens, da wo die Sitzbeinhöcker sind, erfährt dabei eine Mikrobewegung: die rechte und die linke Seite kommen sich leicht entgegen. Fangen Sie diese Mikrobewegung der Sitzbeinhöcker auf und begleiten Sie sie bewusst.

Die Oberschenkel immer mehr in ihre Länge und die Sitzbeinhöcker muskellos zueinander gehen lassen. Beides so koordinieren, bis ein neues Muster entsteht.

Zwischen diesen Sitzbeinhöckern erlauben Sie dem Muskelteppich im Becken, sich wie ein großes Tablett nach oben anzuheben. Dehnen Sie diesen Muskelteppich überall hin aus, vor allem zum Kreuzbein und seitlich zu den beiden Beckenknochen hin.

Spielen Sie ein wenig mit dieser Ausdehnung. Ein wenig mehr nach rechts, ein wenig mehr nach links, nach hinten, vielleicht sogar diagonal? Experimentieren Sie ruhig mit dieser innersten Schicht Ihres Beckenbodens.

Spüren Sie die Antwort der Knochen und der Gelenke? Sie werden mobilisiert, ein wunderschönes Gefühl!

Daraus entsteht nun eine Kettenreaktion von Muskeln. *Spüren Sie nach, wie die Rumpfmuskeln anfangen, sich kraftvoll zu vernetzen.* Der ganze Körper schreit danach, sich nach oben zu dehnen, sich aufzurichten; eine kraftvolle Leichtigkeit!

Wenn Ihnen das Bild vom Gel geholfen hat, verwenden Sie es weiter. So können sich auch Bauch, Taille und Rücken immer mehr zum Körperinneren hin entlasten, ganz konkret zur Innenseite der Wirbelsäule hin und sich entlang dieser verteilen. *Spüren Sie nach, wie sich die Wirbelsäule von innen strecken lässt.*

Der ganze Brustkorb reagiert darauf. Sein unterer Rand an der Taille erfährt so wie die Sitzbeinhöcker eine Mikrobewegung und kommt ein wenig zum Körper hin.

Auf Höhe des unteren Brustbeinendes erstreckt sich innerhalb des Brustkorbs großflächig das Zwerchfell. *Erfassen Sie es, dreidimensional und aufgewölbt.*

Stellen Sie sich vor, wie alle Zellen dieses Daches miteinander verbunden sind. Stellen Sie sich ein feines Netz zwischen den Zellen vor, das sich in die Tiefe, zu den Seiten, nach links, nach rechts, nach vorne, nach hinten, diagonal ausdehnt; überall hin, großflächig.

Die Rippen dehnen sich dabei zu den Seiten aus und die Schulterblätter können immer glatter am Rücken hängen. Die Fülle des Brustkorbs verteilt sich symmetrisch und bekommt immer mehr die Form einer Ellipse.

Der Kopf schwebt immer noch über dem letzten Halswirbel.

Es fühlt sich so an, als ob alle Muskeln Sie in Ihrer Mitte umarmen und Sie gleichzeitig nach oben strecken würden. Sie werden von Ihren eigenen Muskeln und Faszien lang gezogen. Lassen Sie sich Zeit für dieses vielleicht neue Körpergefühl und die neue Statik.

Noch einmal als Erinnerung: Über die Fersen den ganzen Körper aufrichten. Die Knochen immer länger werden lassen mit Hilfe der Muskeln. Geben Sie ihnen das Bild vom formbarem Gel.

Mit dem Muskelteppich im Becken spielen, mehr nach rechts ausdehnen, die rechte Beckenseite ausfüllen; mehr nach links, die linke Beckenseite auffüllen, nach hinten zum Kreuzbein ...

Die unteren Rippen bleiben zum Körper hin entspannt. Die oberen sind zu den Seiten ausgedehnt.

Durch die Nase einatmen und dabei den Muskelteppich im Becken und das Zwerchfelldach im Brustkorb bewusst zu den Seiten hin ausdehnen lassen.

Aus den entspannten Lippen ausatmen und das Muskelgel des Oberschenkels und des Rumpfes bewusst zu den Knochen hin und in die Länge verteilen und ziehen lassen.

Lassen Sie sich Zeit dabei und wiederholen Sie diese Koordination zwischen Atmung und Körperaufrichtung ein paar Mal. Der ganze Körper atmet mit.

Je öfter Sie diese Aufrichtung üben, desto intensiver werden Sie die Leichtigkeit im Stehen spüren. Ganz andere Muskeln werden Sie tragen. Das Bild vom Gel, das zum Körperinneren hin fließt und sich entlang der Knochen verteilt, unterstützt die gesamte Vernetzung der Muskeln, Faszien und Sehnen.

Es gibt einen großen Unterschied zwischen „getragen werden" und „festgehalten werden". Wenn die Skelettknochen nicht naturgemäß übereinander positioniert sind, dann muss zwangsläufig die äußere Muskulatur unser ganzes Skelett festhalten, damit wir überhaupt stehen können. Die äußere Muskulatur bildet dann eine Krücke für den Körper.

Wenn ich im Unterricht erkläre, dass die innere Muskulatur wieder in ihre natürliche Länge gebracht werden soll, damit sie wieder aktiv wird, dann kommt häufig die Frage: „Muskeln können sich doch aktiv nur zusammenziehen. Muskeln können sich nicht aktiv strecken. Wie kann ich die Wirbelsäule oder den ganzen Körper mit Hilfe der Muskeln in die Länge dehnen?"

Diese Frage kommt aus einem bestimmten Blickwinkel. Unser Gehirn nimmt an, dass das Festhalten des Skeletts, die „Krücke", die neutrale Haltung darstellt. Dass sich die Außenmuskeln dabei stets in einer Daueranspannung befinden, nimmt es nicht mehr bewusst wahr.

Aber es gibt einen anderen Blickwinkel: Starten wir mit der Annahme, dass die Wirbelsäule des Menschen natürlicherweise so aufgespannt ist, dass sich kein Wirbelkörper auf der darunter liegenden Bandscheibe parkt. So wie der Hals einer Giraffe, der von Natur aus lang und gestreckt ist. Das ist nur möglich durch die vielen kleinen Muskeln, die direkten Kontakt zu den Knochen haben, und die sie umgebenden Faszien, Sehnen und Bänder. Sie alle verhalten sich wie die Seile in der Takelage eines Segelschiffs. Sie sind in Zug- und

Gegenzugspannung und geben dadurch Halt und eine ideale aufgespannte Länge. Die Außenmuskeln sind mit diesen inneren Strukturen wunderbar vernetzt. Sie unterstützen diesen Halt, in dem sie keine Kräfte ausüben, die die Aufspannung zunichtemachen.

Das ist unser Ausgangspunkt: Wenn wir jetzt darüber nachdenken, wie die Außenmuskeln durch unnatürliche Haltungsmuster – bewusste oder unbewusste – die tieferen Muskeln „zudrücken", dann wird klar, dass diese Kräfte den Innenraum des Körpers verformen und verkleinern. Die innere Muskulatur hat dann nicht mehr den Platz, um in ihrer natürlichen Länge zu bleiben, sie verliert ihre Zugspannung, sie erschlafft und hängt durch. So wie das Tauwerk am Segelschiff, wenn die Masten verkürzt würden.

Um uns erfolgreich wieder zu natürlicher Größe aufzurichten, müssen wir also die äußeren Muskeln aktiv entspannen, uns die innere Konstruktion bewusst machen und sie zum Leben erwecken. Unser Körper braucht keine Krücken zum Stehen; auch nicht zum Sitzen oder Liegen.

Im von innen aufgerichteten Körper erstreckt sich ein lebendiges Netz, über das Kräfte, Reize, Energien und Emotionen durch den ganzen Körper geleitet werden, so wie ein Spinnennetz noch den kleinsten Reiz an jede Stelle weiterleitet. Die Haltung des Körpers ist nichts Statisches, sondern etwas sehr Lebendiges.

Probieren Sie es aus. Es wird sich dadurch vieles verändern. Mit dieser neuen Art der Körperhaltung steigern Sie Ihre Lebensqualität, Sie gewinnen innere Ruhe, bringen Körper und Geist ins Lot.

Bewegung, Bewegung! Halt, nicht so schnell...

Wenn ich unterwegs bin, fällt mir auf, wie viele Menschenkörper dem eigenen Geist „hinterher rennen". Ich möchte erklären, wie ich das meine:

Als kleines Mädchen habe ich unterwegs immer ziemlich getrödelt. Immer wieder probierte ich die Geschicklichkeit und Beweglichkeit meines Körpers aus. Ich balancierte gerne auf Bordsteinen, ging rückwärts, hüpfte auf einem Bein, ließ meine Arme rhythmisch baumeln ... Das Stillsitzen in der Schule war wie Folter für mich. Dieses Mädchen von damals würde heute sicher die Diagnose ADHS bekommen. Was bin ich dankbar, dass ADHS damals noch nicht „erfunden" war.

Kam ich an einer geeigneten Wand oder einem Baum vorbei, so musste ich erst mal in Ruhe einen kleinen Handstand machen. Ich kümmerte mich überhaupt nicht darum, wohin ich eigentlich sollte. Und manchmal ging ich extra langsam – vielleicht, um die Erwachsenen, die mich begleiteten, zu entschleunigen? Natürlich und vielleicht verständlicherweise fühlten sie sich ziemlich provoziert von mir, vor allem meine Mutter. Wie oft hat sie mich geradezu hinter sich hergezogen. Sie marschierte in hohem Tempo voran, richtig genervt, ihr Arm eine Abschleppstange, an der ich hing wie ein kaputtes Auto. Oft machte ich mich dann extra schwer, ließ mich zusammenfallen wie ein Sack. Das war dann in der Tat pure Provokation. Auf diese Weise unterwegs zu sein, war weder für meine Mutter noch für mich schön. Eine „Lose-Lose-Situation", wir waren nicht verbunden.

Genau dieses Bild kommt mir manchmal in Erinnerung, wenn ich Menschen beim Gehen beobachte. Der Geist vorneweg, wie ein Abschleppwagen zieht er den Körper hinter sich her. Oder der Körper sieht richtig resigniert aus, weil der Geist gerade woanders ist. Harmonisches Miteinander? Fehlanzeige! Mir kommen dabei immer wieder die grauen Herren aus „Momo" in den Sinn, einem meiner Lieblingsbücher.

Wir müssen wieder lernen, den eigenen Körper auch beim Gehen zu bewohnen und das Netz wieder herzustellen. Ich finde den Satz „der Weg ist das Ziel" schön, auch wenn er mittlerweile ein wenig ausgelutscht ist. Wenn das Leben wie ein Weg ist, dann ist das Leben selbst das Ziel. Wo also wollen wir immer so schnell hin? Wenn wir stets zum nächsten vermeintlichen Ziel eilen, dann verpassen wir, dass wir längst am Ziel sind: Wir verpassen ganz viel Leben.

Genieße das Leben! Ich finde, dieser Rat wird oft fehlinterpretiert. Viele haben das Gefühl, sich beeilen zu müssen, Dinge zu machen, zu konsumieren und möglichst viele Erfahrungen zu sammeln. Nach dem Motto „schnell, schnell, bevor das Leben zu Ende geht". Dabei enthält der Rat eine ganz einfache und wertvolle Botschaft: „Egal was gerade dran ist – lebe im Hier und Jetzt!"

Nichtgeh-Meditation

Diese Meditation können Sie überall anwenden. Die Grundintention ist, nicht gehen zu wollen. Geben Sie Ihrem Gehirn nicht das Signal „vorwärts gehen".

Nehmen Sie wie bei der Meditation zur Körperstatik die Grundhaltung im Stehen ein, am besten vor einer Wand. Bringen Sie Ihre Fersen ziemlich nah an die Wand und die zwei Beckenhälften und Schulterblätter in leichten Wandkontakt.

Die Fersen sind wie runde Bierdeckel, auf denen sich Ihre Beine wie zwei Türme aus mehreren Bauklötzen aufrichten, einer über der rechten, der andere über der linke Fersenmitte. Unterschenkel befreit vom Fußgelenk, Oberschenkel über dem Unterschenkel schweben lassen, über beiden das Becken, von den Oberschenkelkugeln befreit.

Über beiden Beckenhälften den Brustkorb nach oben abgeben. Dabei die Rumpfmuskeln in die Tiefe des Körpers verbunden halten und wie einen Zylinder richtig lang strecken.

Über dem letzten Halswirbel, den Kopf schweben lassen. Sie können gerne dabei die Augenlider sanft schließen.

Nun begleiten Sie diese exakt über die Fersenmitte gestapelten und befreiten Körperteile von unten nach oben und erlauben Sie ganz langsam einem Fuß, sich vom Boden zu entfernen und sich nach vorne zu versetzen. Nur ein kleiner Schritt nach vorne mit dem Fuß. Den Vorderfuß ohne Druck aufsetzen, nicht rollen, nicht zum Boden quetschen.

Nun den anderen Fuß. Konzentrieren Sie sich währenddessen auf den Turm über der Fersenmitte, er soll nicht kaputt gehen oder fallen.

Lassen Sie sich Zeit und machen Sie die nächsten Schritte mit dieser Körperkoordination und Meditation. Sie müssen nur eines tun: Ihren Körper mental in seiner Länge begleiten, nicht bei dem Vorhaben nach vorne zu gehen. Das kann er ganz alleine.

Die Fußgewölbe sind stets aktiv, nicht zu Boden gedrückt. Die Schritte werden dabei immer leichter. Langsam weitergehen.

Mit wachsender Sicherheit lassen Sie die Arme neben dem Körper mit dem Schritt koordinieren und dabei vor- und zurückbewegen, ohne viel darüber nachzudenken.

Falls Sie die Augenlider noch geschlossen haben, öffnen Sie sie jetzt und bleiben Sie bei sich, bei dieser Körpermeditation. Wiederholen Sie wie ein mentales Mantra dieses Von-unten-nach-oben-Abgeben und -Aneinanderreihen.

Nach einer Weile nehmen Sie zusätzlich Ihre Umgebung wahr. Die Bäume im Wald, Menschen und Autos in der Stadt. Bewohnen Sie derweil weiter Ihren Körper, während Sie langsam vorwärts gehen und alles um sich herum beobachten. Ohne zu bewerten – nur beobachten und genießen.

Nehmen Sie nun bei weiter bewusster Aufrichtung auch Geräusche wahr, dann Gerüche, den Wind … Kombinieren Sie die bewusste Aufrichtung mit allen Sinnen, einen nach dem anderen.

Für das erste Mal reichen 10 Minuten achtsames Gehen. Mit der Zeit können Sie die Dauer steigern. Durch die bewusste Körperwahrnehmung wird sich Ihr Geist weniger in anderen Gedanken verheddern. Danach fühlen Sie sich frischer und präsenter.

Probieren Sie es aus!

Der Spiegel der Seele

Als ich als Studentin in einer Anatomiestunde zum ersten Mal die Gesichtsmuskeln des Menschen sah, war ich perplex. Sie sehen aus wie ein Muster von Spinnweben, die übereinander und nebeneinander in komplexer und perfekter Ordnung und Symmetrie stehen und ein Ganzes darstellen. Das Wunder dieser Gesichtsmuskeln besteht in ihrer vielseitigen und kreativen Fähigkeit, miteinander zu interagieren und sich mit unseren Emotionen und Gefühlen zu verbinden. Durch ausgefeilte Kombinationen seiner Muskelaktivitäten kann das menschliche Gesicht seine Form subtil verändern und uns so viel über bewusste und unbewusste Emotionen seines Trägers, seiner Trägerin verraten.

Wir sind soziale Wesen; die Fähigkeit unserer Gesichtsmuskeln, Emotionen zum Ausdruck zu bringen, ist von großer Bedeutung für uns, denn sie ermöglicht uns die Kommunikation mit anderen und gibt uns Zugang zu unserem eigenen Wesen. Natürlicherweise findet unser Gesicht nach einer emotionalen Situation rasch wieder in seinen entspannten Neutralzustand zurück.

Mittlerweile gibt es Studien über den Zusammenhang zwischen Botox-Behandlungen im Gesicht und der im Gehirn messbaren emotionalen Intensität. So wurde festgestellt, dass durch das Glätten der Zornesfalte zwischen den Augenbrauen durch Botox die Betreffenden weniger traurig sind. Nun bedeutet „weniger traurig" aber nicht etwa „glücklicher", sondern meint einen Verlust an Empathie. Das ist die schlechte Nachricht und für mich wichtigste Erkenntnis daran: Der Einsatz von Botox verzögert und verringert das Auftreten von Emotionen, manipuliert die dafür nötige Vernetzung zwischen Gesicht und Gehirn auf unnatürlichste Art und Weise. Das ist erschreckend! Für mich ist das wie ein Horrorfilm: Der Mensch verliert sein eigenes Wesen.

Andere Studien zeigen: Wenn ein Mensch nach einer Emotion die entsprechende Mimik unbewusst weiter beibehält, obwohl die Situation längst vorbei ist, bleibt die betreffende Emotion verankert. Auch das ist eigentlich nicht wünschenswert.

Die Kunst ist also, dem eigenen Naturell zu folgen, Mimik und Emotionen so zu koppeln, wie die Natur es vorgesehen hat. Dies gelingt, sofern Körper und Geist im Lot und miteinander in Balance sind, wie bereits in vorangegangen Kapiteln angesprochen.

So, nun dürfen Sie wieder knochisch sprechen: Bevor Sie sich nämlich mit Ihren Gesichtsmuskeln beschäftigen, richten Sie Ihre Taschenlampe zunächst auf die Schädelknochen. Sie sind die Grundlage für all die Gewebsschichten, die vernetzt darüber liegen.

Falls Sie eine Brille tragen, setzen Sie sie nun ab. Schließen Sie sanft Ihre Augenlider, Oberlid und Unterlid, wie zwei passgenaue Pergamentpapiere. Nehmen Sie Ihre Augenhöhlen wahr und lassen Sie beide Knochenkreise richtig weit und offen werden. Die rechte Augenhöhle, die linke, beide schön ausdehnen. Durch die Augenhöhlen können Sie nun die Tiefe Ihres Schädels wahrnehmen und spüren. Hereinspaziert!

Die Tiefe des Schädels mit Hilfe der Augenhöhlen spüren

Durch die rechte Augenhöhle die Wahrnehmung immer tiefer in den Schädel hineinbringen, durch die linke Augenhöhle auch. Bis Sie den Hohlraum des Schädels ein wenig wahrnehmen. Vielleicht spüren Sie sogar die Innenwand des Hinterkopfes. Lassen Sie Ihre Wahrnehmung genau in dieser Tiefe. Aus der Tiefe können Sie nun Ihre Augenhöhlen nach oben anheben, zur Schädeldecke hin. Die rechte, die linke ... und beide gemeinsam. Ohne dabei den Kopf zu verschieben.

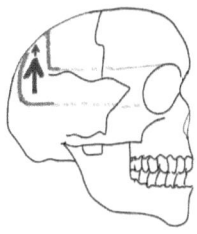

Augenhöhlen aus der Tiefe des Schädels nach oben dehnen.

Es ist eine interne Mikrobewegung! Mit ein wenig Übung fühlen Sie eine wohltuende Streckung am Nacken. Bleiben Sie in dieser räumlichen Wahrnehmung. Vielleicht spüren Sie schon jetzt eine Art Kribbeln um den Hinterkopf herum. Falls es so ist, können Sie es intensivieren und nach oben ausdehnen lassen, als ob Sie eine jüdische Kippa aufhätten. Die entlastet den ganzen Körper nach oben und macht Sie immer leichter.

Um es noch intensiver zu spüren, stellen Sie sich eine liebevolle Hand an der Innenwand des Schädels vor, genau unter der Kippa. Diese Hand unterstützt die Kippa dabei, nach oben zu gehen, bis Sie spüren, dass Ihr Körper hier eine weitere Tragfläche hat.

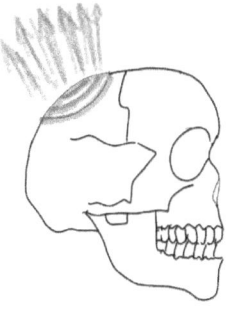

Kippa ausdehnen, nach hinten-oben.

Bringen Sie nun an der Kippa rundherum vier Fäden an, die sie nach oben ziehen sollen. Hängen sie die Fadenenden an der Decke auf oder an einem imaginären Stern im Himmel. Ab jetzt wird das Ihr Stern sein. Sie werden immer getragen und begleitet.

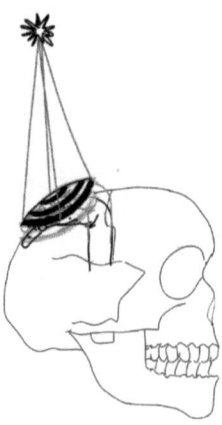

Kippa hängt an einem imaginären Stern. Die 4 Fäden dürfen unendlich lang nach oben vorgestellt werden.

Wenn Ihre Kippa anfängt zu pochen und pulsieren – sehr gut! Öffnen Sie wieder die Augenlider und halten Sie Ihre Kippa aktiv.

Bearbeiten wir nun die Kopf-hoch-Meditation ein bisschen in der Werkstatt nach. Ein aktiver Kippa-Bereich kann viele positive Wirkungen auslösen. Vielleicht haben Sie eine oder mehrere der folgenden Resonanzen gespürt?

- Ohren werden nach oben gedehnt und Ohrengänge fühlen sich offener an.
- Der Oberkiefer entlastet sich nach oben. Das Kiefergelenk bekommt mehr Freiheit.
- Die Gesichtsmuskeln werden nach hinten oben aufgespannt. Das Gesicht bekommt eine neue Frische.
- Das Sehen ist verbessert.
- Sie fühlen sich konzentrierter.
- Das Zwerchfell fühlt sich angesprochen und übernimmt vielleicht sogar automatisch seine Rolle als tragende Fläche.

Wenn Sie nun lernen, Ihren Kopf „von der Kippa aus" zu bewegen, wird das Kopfgelenk richtig offen und von jeglichem Druck entlastet bleiben. Sie müssen nur dafür sorgen, dass Ihre Kippa immer ausgedehnt bleibt und ihr diese Aufgabe des Tragens auch überlassen. Auch wenn der Kopf nach unten geht, bleibt die Aufrichtung nach oben erhalten. Sie werden dabei spüren, wie der obere Bereich der Kippa die Bewegung übernimmt. Genauso wenn der Kopf nach oben schaut, nur dass hier der untere Kippa-Bereich mehr übernimmt. Bei Kopfdrehung nach rechts übernimmt die linke Seite der Kippa, bei Drehung nach links die rechte.

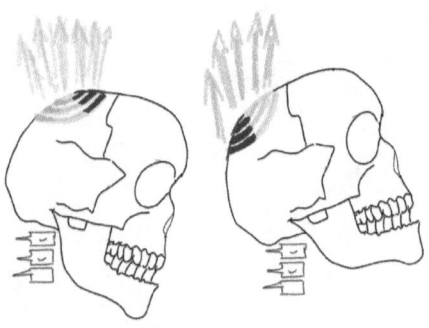

Von der Kippa ausgehend den Kopf bewegen

Nun aber zu Ihren Gesichtsmuskeln. Ich möchte Ihnen eine schöne erfrischende Meditation zeigen, mit der Sie Ihr Gesicht jederzeit in einen entspannten und neutralen Zustand zurückbringen können.

Entspannen Sie Ihre Lippen. Jede, wirklich jede Lippenzelle strahlt nach vorne wie Goldschimmer und gleichzeitig wird die Kippa nach oben getragen. Der ganze Körper lässt sich aus dieser Ausdehnung am Schädelbereich mitmodellieren.

Bleiben Sie mit der räumlichen Tiefenwahrnehmung im Kippabereich, als ob dort der Aussichtsturm für Ihre Wahrnehmung wäre. Verbleiben Sie die ganze Zeit an diesem Aussichtspunkt.

Aufmerksamkeit nun auf Ihr Kinn. Zunächst die rechte Kinnspitze wahrnehmen. Ziehen Sie von ihr aus eine leicht ansteigende Diagonale durch den Schädel durch bis zur linken Seite am Hinterkopf und weiter über die Schädelgrenze hinaus. Sie können sich die Diagonale als Sonnen- oder Lichtstrahl vorstellen.

Das Gleiche nun von der linken Kinnspitze aus: einen Sonnenstrahl durch den Schädel durch ziehen lassen, diagonal nach oben in Richtung rechter Hinterkopf und darüber hinaus.

Verfolgen Sie mit koordinierter Atmung abwechselnd beide Diagonalen im Schädel. Der Kopf schwebt stets über den Atlas und verschiebt sich dabei nicht.

Machen Sie nun das Gleiche diagonal vom rechten Kopfgelenk zur linken Seite des Haaransatzes vorne. Und vom linken Kopfgelenk zur rechten Seite des Haaransatzes vorne. Zwei wunderschöne Sonnenstrahlen, die Ihren Schädel neu vernetzen werden.

Lassen Sie sich Zeit. Nehmen Sie die neuen Verbindungen im Schädel und die Mikrobewegung der Schädelknochen wahr.

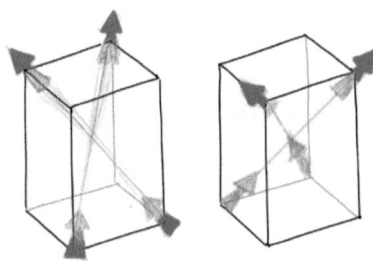

Vereinfacht: Dreidimensionalen Diagonalvernetzungen zwischen Gesicht und Hinterkopf.

Stellen Sie sich nun eine kleine Sonne an der Mitte der Kinnspitze vor und lassen Sie aus dieser zwei Sonnenstrahlen übers Gesicht nach rechts und links zu den Ohren hin strahlen. Diese Sonnenstrahlen sollen das Gesicht entspannen und aufspannen. Die Lippen sind währenddessen komplett nach vorne entspannt.

Spüren Sie nach. Sie können die Sonnenstrahlen immer wieder mit Ihrem Atem koordinieren.

Platzieren Sie eine zweite Sonne zwischen Nase und Oberlippe, aus der zwei Strahlen übers Gesicht hin zu den Schläfen strahlen. Wie ein Licht-V. Begleiten Sie den Weg des rechten und linken warmen Licht-strahls mit Ihrer Wahrnehmung. Ein paarmal wiederholen.

Nun eine dritte Sonne zwischen die Augenbrauen positionieren. Sie darf sich immer mehr ausweiten und von dort aus überallhin strahlen.

Diagonalvernetzung am Gesicht.

Lassen Sie sich Zeit und vergessen Sie nicht zu genießen. Es ist Ihr Recht!

Falls Sie die Augenlider noch geschlossen haben, öffnen Sie sie jetzt und bleiben mit diesem entspannten Gesicht für den Rest des Tages. Nehmen Sie wahr, welche Emotionen dabei entstehen.

Eine Hand wäscht die andere...

Wie oft am Tag entspannen Sie bewusst Ihre Hände? Richten Ihre volle Aufmerksamkeit auf sie, genießen Ihren Tastsinn, Ihre taktile Wahrnehmung?

Hände und Füße sind die Körperteile, die wir als Baby als Erstes entdecken und freudig genießen. Wieso es also nicht wieder tun?

Die Bewegungsmöglichkeiten der Hand und der Finger sind vielfältig. Dafür sorgen viele kleine und größere Knochen und Gelenke. Noch vielfältiger sind diese Bewegungen in Kombination mit denen des Arms. Wenn alle Gelenke bis hin zum Schultergelenk neutral und offen bleiben, so wie die Natur es vorgesehen hat, dann ist jede Hand. und Armbewegung harmonisch und grazil. Ein wunderbares Körperteamwork. Und eben deswegen hat alles, was die Hand macht, eine Wirkung im Schulterbereich und umgekehrt.

Im Alltag setzen wir unsere Hände unbewusst unter Dauerstress. Wie viele Krankheitsdiagnosen es in diesem Bereich gibt! Karpaltunnelsyndrom, Maushand, Tennisarm, Frozen Shoulder …

Es lohnt sich also, Hand, Arm und Schulter als ganzes System bewusst wahrzunehmen, seine Bewegungsmöglichkeiten zu verstehen – und wiederzugewinnen.

Setzen Sie sich am vorderen Rand auf einen Stuhl oder auf eine Matte im Schneidersitz. Bringen Sie Ihre Hände zueinander, in Gebetshaltung. Die Arme leicht am Körper entspannt lassen. Stellen Sie sich vor, Sie müssten zwischen beiden Handtellern eine kleine Seifenblase beschützen. Die Hände also nicht aneinander pressen. Jede Fingerkuppe hat Kontakt mit der Fingerkuppe der anderen Hand, Handwurzel mit Handwurzel.

Im Schneidersitz die Hände aneinander

Die Berührungspunkte nun so leicht spüren, als wären sie mit Schmetterlingsflügelschuppen bedeckt. Die taktile Wahrnehmung bewusst genießen. Die Berührung so sanft wie möglich beibehalten.

Alle Fingerspitzen zeigen zum Himmel, die Ellbogenspitzen zur Erde. Das rechte Schlüsselbein nach rechts lang dehnen, das linke nach links lang dehnen. Begleiten Sie stets Ihre Schlüsselbeine zur Seite.

Die Kuppen der Mittelfinger strecken sich gleichzeitig in aller Leichtigkeit zum Himmel hin, ohne sich gegenseitig zu pressen. Erlauben Sie dabei jedem Fingerknochen, die Gelenkchen zu öffnen und sich muskellos nach oben zu strecken. Gleichzeitig lassen Sie die Ellenbogenspitzen zum

Boden hin tropfen. Spüren Sie nach, was passiert in den Mittelfingerge-
lenken und der restlichen Hand.

Nun machen die Kuppen der Ringfinger das Gleiche: Ganz leicht anein-
ander gelegt strecken sie sich liebevoll und bestimmt nach oben. Gleich-
zeitig tropfen die Ellenbogenspitzen nach unten. Erlauben Sie Platz
zwischen jedem Fingerknochen. Wenn er entsteht, begrüßen Sie ihn.

Nun die Kuppen der Zeigefinger. Je leichter Sie bleiben, desto größer die
Wirkung und besser Ihre Wahrnehmung.

Die Kuppen der Kleinfinger strecken sich zum Himmel, die Ellenbogen-
spitzen tropfen zur Erde.

Die Kuppen der Daumen folgen.

Nun alle zeitgleich und die Spitzen der Ellenbogen sanft nach unten.
Zwischen beiden Zugrichtungen alle Knochen immer länger und immer
entspannter werden lassen.

Verweilen Sie hier ein wenig.

Mit dieser Sanftheit und Leichtigkeit lösen Sie langsam beide Hände
voneinander und bewegen genussvoll und langsam die Finger und Hand-
gelenke. Fangen Sie mit kleinen Bewegungen an.

Sie können dabei Ihre Hände mit Neugier und Dankbarkeit beobachten.
Schenken Sie ihnen für ein paar Minuten die volle Aufmerksamkeit.

Fassen Sie mit dieser Wahrnehmung nun etwas an – ein Kissen, ein Was-
serglas, ein Kuscheltier, ein Buch – und richten Sie Ihre Aufmerksamkeit

auf die taktile Wahrnehmung. Wie fühlt es sich an? Sie können immer noch bei der Vorstellung bleiben, Ihre Haut bestehe aus Schmetterlingsflügelmaterial. Es kann nicht sanft genug sein. Sie entscheiden, was ihnen gut tut.

Schließen Sie Ihre Augenlider. Bringen Sie die Schmetterlingshände an Ihr Gesicht. Nehmen Sie mit den Hände in Wachheit, Aufmerksamkeit und vollbekommener Leichtigkeit die Gesichtskonturen wahr. Vielleicht wollen Ihre Hände mit dieser neuen Wahrnehmung auch die Haare berühren?

Genießen Sie den Moment. Öffnen Sie dann langsam wieder Ihre Augenlider. Atmen Sie tief durch die Nase ein und aus vollkommen entspannten Lippen aus.

Mit dieser Wahrnehmungsübung können Sie im Alltag Ihre Hände öfter einmal verwöhnen – versuchen Sie es. Ich persönlich finde es wunderschön, mir die Hände im „Schmetterlingsmodus" zu waschen oder mich zu duschen und dabei so richtig im Hier und Jetzt zu sein.

Diese Handmeditation schenkt Ihnen sofortige Entlastung. Sie lernen, Ihre Hände neu zu bewegen. Das kommt besonders Menschen entgegen, die viel am Computer arbeiten müssen.

Ich empfehle diese Übung auch den Kletterern unter uns. Sie ist eine meiner Routineübungen nach dem Klettern oder Bouldern geworden. Meine Finger danken es mir!

In der Tiefe liegt die Kraft

Ein Wechsel der Perspektive

Dieses Thema ist für mich das Sahnetüpfchen in der Körperarbeit, deshalb widme ich ihm ein eigenes Kapitel: Es geht um die Wahrnehmung räumlicher Körperperspektiven. Sie ist wichtig für die Qualität der Körperhaltung und die Qualität und Intensität jedes Trainings.

Wie nehmen Sie Ihren Körper wahr, wenn Sie ihn spüren oder erfassen möchten? Unser Körper ist vor allem dreidimensional, räumlich. Und doch ist unsere Körperwahrnehmung oft sehr eingeschränkt, was die Tiefe angeht.

Jeder Körper hat eine Vorder- und Hinterseite, eine rechte und eine linke Seite – und dazwischen ist viel Raum. Drei Hauptstockwerke gibt es in Ihrem Körperhaus: Becken, Brustkorb und Kopf. Jedes hat eine räumliche Tiefe.

Befassen wir uns nun ein wenig näher mit der Wahrnehmung dieses Körperhauses und seiner Tiefe. Stellen Sie sich vor, Sie verwenden jahrelang nur einen kleinen Teil eines Raumes in Ihrem Haus. Sie halten sich immer, wenn Sie sich darin befinden, an derselben Wand auf, sehen dort immer zum Fenster hinaus. Für all das, was hinter Ihnen im Raum ist, haben Sie überhaupt keine Wahrnehmung. Ihre

Raumperspektive ist dadurch eingeschränkt. Sie könnten sogar glauben, der Raum wäre nur so groß, wie Sie ihn wahrnehmen, und bestünde nur aus dem, was Sie von ihm wahrnehmen. Vielleicht sogar würden Sie sich selbst unbewusst kleiner machen, innerlich und äußerlich.

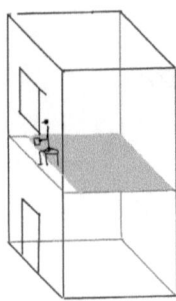

Vorne im Raum sitzen: der hintere graue Bereich wird nicht wahrgenommen.

Wenn Sie sich jedoch an die gegenüberliegende Wand versetzen und von dort aus dem Fenster sehen, sind Sie dem ganzen Raum zugewandt und gewinnen eine komplett neue Perspektive. Nun können Sie jeden Kubikmeter des Raums wahrnehmen und Sie gewinnen ein Bewusstsein für seine Tiefe.

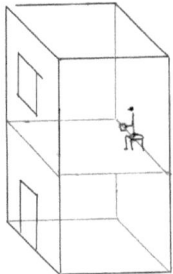

Hinten im Raum sitzen: der Raum wird in seiner ganzen Tiefe wahrgenommen

Falls Sie bereits die Kopfmeditation gemacht haben, wissen Sie, was ich mit Tiefe meine. Die 3-D-Wahrnehmung des Schädels gibt eine brauchbare Grundlage für die räumliche Wahrnehmung im restlichen Körper.

Vielleicht erfordert es am Anfang ein wenig Übung, doch mit etwas Selbststudium und zunehmender Erfahrung werden Sie schnell eine zunehmend räumliche, „ganzheitliche" Körperwahrnehmung gewinnen. Aus dieser werden Sie mit der Zeit erfassen können, wie Ihre Körperteile zusammenarbeiten. Sie werden nicht mehr nur die einzelnen Bestandteile dieses Räderwerks wahrnehmen, sondern sein Zusammenspiel als funktionierendes Ganzes spüren.

Das ist ein wundervolles Gefühl, und bei körperlichen Aktivitäten wie dem Joggen oder Klettern nehme ich es am intensivsten wahr. So ist Bewegung nicht mehr nur sportlich, sondern auch meditativ oder spirituell. Sie ist vollständiger und spielt sich bewusst im Hier und Jetzt ab. Ein sehr schönes Erlebnis!

Auch das Meditieren hat für mich dadurch eine neue Qualität gewonnen. Wenn die eigene Körpertiefe nicht nur wahrgenommen, sondern bewusst und aktiv angenommen wird, kann man produktiv mit ihr arbeiten. Sie können mit ihr einerseits Ihre Muskelkraft und Körperstabilität steigern, aber auch Ihre Konzentrationsfähigkeit, Aufnahmekapazität und innere Ruhe.

Die folgende Meditation soll Sie zu diesem Körpererlebnis führen. Damit Sie den Hinweisen folgen können, ohne sich überfordert zu fühlen, sollten Sie sich dazu mit den vorherigen Kapiteln beschäftigt haben.

Ein Hinweis vorab: Wenn Sie nach der Übung mit den Augenhöhlen Ihre Augenlider mit der neuen Perspektive wieder öffnen, werden Sie unter Umständen eine Veränderung des Sehverhaltens wahrnehmen, die höchstwahrscheinlich von Emotionen begleitet wird.

Ich weiß noch, wie mir ein wenig mulmig wurde, als ich zum ersten Mal eine Übung dieser Art gemacht habe. Es war sehr ungewohnt, und ein wenig Angst kam hoch. Mittlerweile weiß ich, woher das kommt. Um es zu erläutern, nehme ich wieder das Bild vom Gebäude: Wenn Sie jahrelang immer nur direkt am Fenster standen, um hinauszuschauen, und nun von weiter weg im Raum hindurchschauen, wird das erst einmal ein gewaltiger Unterschied sein. Zugegeben, dieser Vergleich ist nicht ganz perfekt, denn in einem echten Raum würde sich ihr Blickfeld nach draußen dann einschränken. Doch in unserem imaginären Gebäude passiert das nicht; Sie behalten vorne wie hinten das volle Blickfeld. Mir geht es um die Perspektive und die Tiefe des Raumes.

Dasselbe geschieht im Kopfbereich. Es macht einen gewaltigen Unterschied, ob Sie Ihren Schädel räumlich wahrnehmen oder nicht. Wenn Sie von der „Kippa" aus durch Ihre Augen sehen, werden Sie nicht nur den ganzen Körper mit seinen Tragflächen dreidimensionaler wahrnehmen, sondern Ihr Sehverhalten wird ebenfalls reagieren: Aus der Kippa können Sie visualisieren, wie Gehirn, Sehnerv und Augäpfel mehr Raum bekommen, wenn Sie ihnen aktiv erlauben zu „sein".

Es geht hier mehr um ein Loslassen. Und genau dieses Loslassen und das neue Gefühl von mehr Raum erfordert erst einmal eine Menge Vertrauen, vor allem Selbstvertrauen. Das allerdings kann ein wenig Angst einjagen, vor allem dann, wenn unser Ego und Verstand das Ganze als Kontrollverlust empfinden.

Selbstverständlich wird jede und jeder ein wenig andere Emotionen empfinden; häufig jedoch stellt sich ein Gefühl der Erleichterung oder Leichtigkeit ein. Viele Menschen empfinden auch gar nichts Besonderes bei der Meditation. Auch das ist vollkommen in Ordnung. Seien Sie stets im Einklang und im Kontakt mit sich selbst, damit Sie entscheiden können, wie weit Sie gehen möchten.

Tiefenmeditation

Diese Meditation ist im Sitzen wie im Stehen möglich. Ich empfehle fürs erste Mal jedoch das Sitzen. Falls Sie eine Brille tragen, setzen Sie diese ab.

Setzen Sie sich bequem, entweder auf einen Stuhl oder im Schneidersitz auf eine Matte, und schließen Sie sanft Ihre Augenlider.

Lassen Sie Ihre Wirbelsäule sich aufrichten. Das Kreuzbein so gerade wie möglich, weg vom Steißbein. Das Steißbein gerade und glatt in die Gegenrichtung bügeln. Das Kreuzbein gibt einen leisen Impuls in Richtung Wirbelsäule. Jeder Wirbelkörper gibt diesen Impuls an den nächsthöheren Wirbelkörper weiter.

Fokussieren Sie auf den Übergang von letztem Halswirbel zur Schädelbasis und lassen Sie das Kopfgelenk immer mehr von außen los. Der Kopf trägt sich von ganz alleine. Er schwebt über der aufgerichteten Wirbelsäule.

Beckenknochen lang machen. Die Sitzbeinhöcker wie zwei Stäbe im Becken aufrichten und auf ihrer Spitze balancieren lassen.

Den Brustkorb, exakt über dem Becken wahrnehmen und sich von alleine tragen lassen. Lassen Sie ihn schweben.

Nehmen Sie das Zwerchfell wahr und lassen Sie es als Tragfläche arbeiten. Spüren Sie, wie intensiv es den ganzen Brustkorb tragen kann.

Atmen Sie dreimal tief durch die Nase ein, und lassen Sie die Luft aus den entspannten Lippen fließen. Mit jedem Atemzug bewusst das

Zwerchfell aufspannen lassen. Beim Ausatmen bewusst die Wirbelsäule noch mehr in ihre Aufrichtung begleiten.

Nun die Augenhöhlen wahrnehmen. Beide richtig glatt, rund und groß machen. Beide Augenhöhlen tiefer in den Schädel hinein denken. Als ob Sie Ihre Wahrnehmung durch das Schädelinnere nach hinten wandern lassen könnten. Immer tiefer in den Schädel hinein.

Machen Sie den hinteren Schädelbereich durchlässig, um leichter in die Tiefe zu kommen. Wenn Sie Widerstand spüren, nehmen Sie ihn wahr. Geben Sie ihm Raum und lassen Sie ihn los, versuchen Sie ihn nicht festzuhalten.

Setzen Sie Ihre Wanderschaft in die Tiefe fort, bis Sie mit Ihrer räumlichen Wahrnehmung ganz hinten sind. Vor Ihnen erstreckt sich der ganze Innenraum Ihres Schädels. Lassen Sie sich von Ihrer Wahrnehmung auf einen Aussichtsturm führen, hin zur Kippa. Spüren Sie, wie die Ohren sich dabei nach hinten oben aufrichten, wie der Oberkiefer den Unterkiefer entlastet und der Schädel den Atlas.

Bleiben Sie in diesem Zustand. Stellen Sie sich vor, Ihre Wahrnehmung in der Tiefe sei ein kleines Wesen. Vielleicht ein kleiner Frosch oder eine Fee. Das Wesen soll sich auf den Aussichtsturm setzen, von dem aus es alles betrachten kann.

Verbleiben Sie so ein paar Atemzüge lang und begleiten Sie bewusst Ihren Körper dabei.

Nehmen Sie dabei wahr, wie die Tiefe des Brustkorbs sich von alleine definiert, auch die Tiefe des Zwerchfelldachs. Erforschen Sie mit Ihrer

Taschenlampe neugierig jeden Winkel darin, nehmen Sie jeden Quadratzentimeter wahr.

Spüren Sie nach. Bleiben Sie weiter auf Ihrem Kippa-Aussichtsturm. Falls Sie spüren, dass Ihre Wahrnehmung (der Frosch, die Fee) langsam und unbewusst wieder nach wieder vorne gewandert ist, bringen Sie sie ganz liebevoll wieder zurück zum Aussichtsturm, indem Sie Ihre Augenhöhlen wieder tiefer in den Schädel wandern lassen.

Nehmen Sie nun von hier oben aus die Tiefe des Beckens wahr, sein Inneres, die Tiefe der Innenschicht des Beckenbodens.

Und nun alles gemeinsam: Aus der Tiefe des Schädels spüren Sie Ihren dreidimensionalen Körper; ganzheitlich, nichts forcieren, nur geschehen lassen. Es ist bereits alles da; der Raum ist schon da, Sie müssen ihn nicht erst erschaffen, nur sein lassen, ganz gemäß seiner Natur.

Atmen Sie so ein paarmal tief durch die Nase ein und aus den entspannten Lippen aus. Versuchen Sie dabei, die gewonnene Tiefe des Schädels, des Brustkorbs und des Beckens zu behalten. Lassen Sie die Tragflächen im Becken und im Brustkorb ihre Arbeit machen.

Bevor Sie nun die Augenlider öffnen, sagen Sie Ihrem Gehirn, es soll sich nicht sofort aufs Sehen konzentrieren, sondern zuerst den Körper mit seinem neuen Muster begleiten.

Augenlider sanft öffnen und die Umgebung nur wahrnehmen, ob scharf oder unscharf. Lassen Sie es einfach geschehen und beobachten Sie, wie Ihr Sehverhalten sich mit Ihrer Körperaufrichtung neu definiert.

Bleiben Sie weiter auf Ihrem Kippa-Aussichtsturm und entspannen Sie bewusst alles, was sich im tiefen Schädelraum vor Ihnen ausstreckt. Sie müssen nichts festhalten. Sie werden getragen und gehalten.

Falls Emotionen hochkommen, nehmen Sie sie respektvoll wahr und lassen Sie sie weiterziehen. Sie müssen sie nicht festhalten.

Atmen Sie so ein paarmal tief durch die Nase ein und lassen Sie die Luft aus den entspannten Lippen ausströmen.

Stellen Sie sich jetzt vor, Ihr Frosch oder Ihre Fee steuert von ganz hinten oben die Bewegung des Kopfes. Lassen Sie aus dieser Tiefe Ihren Kopf ganz langsam nach rechts drehen und wieder zurück, nach links und wieder zurück, nach oben und nach unten. Langsam und bedacht. Lassen Sie Sehnerv, Augenmuskeln und Augäpfel, die sich vor Ihrem kleinen Wesen erstrecken, einfach mitkommen. Kümmern Sie sich nicht darum, wie Sie sehen. Vertrauen Sie der Leichtigkeit der Bewegung. Falls es Ihnen noch schwer fällt, die Augenlider offen zu halten, schließen Sie sie sanft. Mit ein wenig Zeit und Übung wird es Ihnen immer leichter gelingen.

Gleich im Anschluss an diese Meditation können Sie ausprobieren, wie es sich anfühlt, mit dieser Wahrnehmung und Aktivierung der Körpertiefe zu gehen oder sich ganz allgemein zu bewegen.

Je intensiver Sie die räumliche Wahrnehmung im Kippa-Bereich entwickeln, desto leichter finden Sie zu einer aufrechten Haltung, bei der das Zwerchfell und die Innenschicht des Beckenbodens gemeinsam ihre Arbeit tun.

Jeder Teil des Körpers – Muskeln, Faszien, Sehnen, Organe und Knochen – ist verbunden mit allen anderen. Wie in einem Räder- oder

Netzwerk eben. Alle Körperteile präsentieren sich als perfekt auf-einander abgestimmtes Ganzes. Und genau dieser Zustand ist pure Leichtigkeit, Natürlichkeit und Schönheit, wie sie in der Bewegung einer Katze, eines Hundes, eines Vogels oder einer Giraffe wunder-schön zu beobachten ist.

Integrieren Sie diese Aufrichtung immer häufiger in Ihren Alltag, da-mit Sie, Ihr Körper und Ihr Geist diese Leichtigkeit und dieses Ver-trauen nicht nur annehmen, sondern auch richtig genießen können.

Neue Wege gehen

Es gibt keine universelle Wahrheit ...

... und auch dieses Buch enthält keine. Es soll nur eine Hilfestellung und Inspiration für Sie sein.

Wir Menschen sind stets auf der Suche. Jeder von uns will Glück, Leichtigkeit und Liebe erleben – unzählige Lebensratgeber auf dem Markt legen davon Zeugnis ab. Sie alle basieren auf Erfahrungen von Menschen, die wiederum auf Erfahrungen anderer Menschen basieren.

Es gibt einen Zugang zu jedem Thema und für jedermann und -frau. Das ist ein großes Geschenk! Die geteilten Erfahrungen werden in allen möglichen Formen weitergegeben und weiterentwickelt, und wir alle können davon profitieren. Gerade wenn wir ein wenig aus der Balance geraten und uns auf die Suche machen, können bestimmte Methoden und Ansätze uns helfen, die Zügel selbst wieder in die Hand zu bekommen.

Wichtig ist dabei nur, dass sich der Spieß nicht umdreht beziehungsweise wir selbst ihn nicht umdrehen. Eine Methode soll uns helfen und dienen. Auch wir können ihr dienen und sie pflegen. So entwickeln sich beide weiter, die Methode und wir. Aber wir sollten keine

Sklaven der Methode werden. Wir sollten kein Dogma aus ihr machen.

Um die Grenze zu erkennen, brauchen wir Achtsamkeit. Wenn wir einer Methode, einem Buch oder einfach nur einer Lebensphilosophie folgen, dann müssen wir dabei unsere Integrität, unsere Selbstständigkeit und Selbstverantwortung bewahren. Denn wenn wir sie abgeben, entfernen wir uns automatisch von uns selbst. Wir geben die Zügel ab.

Das aber wäre das Gegenteil von dem, was mein Buch bewirken will. Es soll in Ihnen etwas wecken und Sie motivieren, Ihr eigener Körper-, Geist- und Lebensforscher zu werden. Auf dass Sie zusammen mit dem Leben im Fluss bleiben.

Veränderungen sind ungemütlich

Wenn Sie sich auf die Übungen im Buch eingelassen haben, haben Sie sicherlich gemerkt, dass jede einzelne eine kleine oder große Veränderung in Ihrem Haltungsdreieck hervorrufen kann:

Ihr Verstand musste lernen, die Übungen ohne Bewertung und Richtig/Falsch durchzuführen. Er musste lernen zu vertrauen und zu helfen, die angegebenen Bilder und Hinweise auf körperlicher Ebene neu zu interpretieren.

Ihr Geist musste dabei fokussiert bleiben. Er musste in seinem Lot sein, um allem mit der angegebenen Leichtigkeit und Präzision folgen zu können.

Ihr Körper musste sich auf die neue Durchlässigkeit einlassen. Er musste raus aus einem gewohnten und vertrauten Körpermuster, um wieder in seine natürliche Neutralität zu gelangen.

Wenn Sie zum Beispiel mit Ihren Füßen arbeiten, wird die Achse Ihrer Beine darauf reagieren. Damit wird eine Kettenreaktion aktiviert: eine Veränderung der Beinachse führt zu einer neuen Aufrichtung der Beckenknochen, die wiederum eine neue Streckung des Rumpfes und der Wirbelsäule aktiviert. Das bekommt auch der Kopf mit und er sucht eine neue Position auf dem letzten Halswirbel. Das wiederum erleichtert den Füßen ihre neue Ausrichtung. So schließt sich der Kreis. Ihr Körper lernt immer durchlässiger zu werden und immer mehr in seiner Ganzheitlichkeit zu leben, zu sein.

Sollen wir es eine neue Haltung nennen? Eigentlich ist diese durchlässige Körperhaltung weder für den Körper noch die Seele etwas

Neues. Vielleicht jedoch für den Verstand, weil er sie vergessen hat. Für ihn wird es herausfordernd sein, diese für ihn neue Haltung im Alltag anzunehmen, hält er doch die aktuelle, bisherige Haltung für die normale Grundhaltung des Körpers. Bisherige Haltungen können wie uralte, abgenutzte Pantoffeln sein. Alte Pantoffeln fühlen sich vertraut an, wie gute Kumpels, geben den Füßen aber keinen Halt mehr. Und weil sie uns so vertraut sind, fällt es uns so schwer, sie abzustreifen und durch neue zu ersetzen.

Ich habe zuvor das Stichwort „Embodiment" erwähnt. Viele Haltungsmuster haben einen klaren Ursprung. Was die Seele in einer bestimmten Lebenssituation nicht verkraften konnte, hat der Körper ausgeglichen – durch ein bestimmtes Haltungsmuster, das fürs Erste Schutz geboten hat.

Wenn unser Körper irgendwann aus seinem natürlichen Lot geraten ist, hat das also durchaus seinen Sinn gehabt. Das Problem dabei: Selbst wenn die betreffende Situation längst vorbei ist, bleibt unser Körper in seiner Schutzhaltung stecken. Er schafft es dann nicht alleine wieder zurück in seine Neutralität. Und diese Schutzhaltung kann auch unsere Seele in einem Überlebensmuster festhalten. Das Ganze ist ein kleiner giftiger Teufelskreis.

Ja zur Leichtigkeit, Ja zum Leben

Ich empfehle Ihnen deswegen, Ja zu möglichen Veränderungen durch die Übungen zu sagen. Seien Sie neugierig und gleichzeitig geduldig und respektvoll mit sich selbst.

Nehmen Sie bei Ihrer Körperarbeit immer Ihre Emotionen wahr. Sie können sogar Ihre Taschenlampe darauf richten, auch wenn das manchmal Mut erfordert. Aber halten Sie Ihre Emotionen nicht fest, lassen Sie sie ganz natürlich weiterziehen, vielleicht durch Ihre „Kippa" nach oben in die Unendlichkeit.

Neben den Emotionen werden sich Körperempfindungen bemerkbar machen. Nehmen Sie jede wahr, egal wie winzig sie sein mag, das ist sehr wichtig. Ihr Gehirn soll jede Empfindung im Körper dokumentieren, was ganz einfach wird, wenn Sie dieser Empfindung eine Wichtigkeit mit Leichtigkeit geben. Sätze und Gedanken wie „ja, ich spüre schon was, aber das ist ja nur ganz wenig" signalisieren Ihrem Gehirn: „Ach so, ist wohl nicht so wichtig, das kommt nicht in die Erfahrungskiste. Abgelehnt!" Das aber wäre sehr schade.

Es gibt einen schönen und leichten Weg dafür, Veränderungen oder Empfindungen zu registrieren und willkommen zu heißen. Das ist der Weg der Dankbarkeit. Nicht umsonst gibt es „Dankbarkeitsmeditationen". Dankbar sein bedeutet, dass wir alles um uns herum und in uns drinnen nicht als selbstverständlich annehmen. Und wenn wir dies tun, leben wir plötzlich in Fülle und in Liebe zu uns selbst. Wir leben achtsamer und bekommen mehr vom Leben. Es ist ein Gewinn!

Es fängt mit der kleinsten Veränderung oder dem kleinsten Erfolg bei der Körperarbeit an. Nehmen Sie also dankbar wahr, was Sie spüren. Dankbar auch, weil Geist und Körper sich darauf eingelassen haben, dankbar dafür, dass Sie diese tolle Ganzheitlichkeit besitzen. Dankbar für sich selbst, weil Sie Ihr Haltungsdreieck in seiner Ganzheitlichkeit aktiv begleiten.

Diese gesteigerte Achtsamkeit können Sie überall hervorrufen. Jede Übung kann unterwegs durchgeführt werden. Bevor Sie aus dem Haus gehen, können Sie zum Beispiel im Stehen Ihren ganzen Körper aktiv aufrichten und dann mit dieser achtsamen Körperhaltung die ersten Schritte nach draußen machen. Vielleicht merken Sie ein paar Minuten oder Stunden später, dass Sie wieder abgelenkt sind und Ihren Körper und Geist „verlassen" haben, weil der Verstand wieder alles übernommen hat. Das ist wunderbar! Sie haben es wahrgenommen – ein Zeichen, dass die interne Kommunikation mit Ihrem Körper und Geist stattfindet. So können Sie sich jederzeit wieder aktiv aufs Gleis bringen. Mit der Zeit wird nicht nur Ihr Körper, sondern auch Ihr Geist Ihnen schneller signalisieren: „Komm bitte wieder zu dir zurück. Bewohne Dich wieder!" Dann werden Sie immer mehr im Hier und Jetzt sein, im richtigen Leben also. Sie werden überall und jederzeit intensiver und bewusster leben, sprich „happy moments" an „happy places" erleben.

Vielleicht haben Sie Lust, einen oder mehrere dieser „Happy Moments" mit mir zu teilen? Ich würde mich sehr über Post von Ihnen freuen.

Sagen Sie Ja zur Leichtigkeit, Ja zum Leben!

Hallo ihr lieben,
ein unvergesslicher
Moment mit
Hündin Blanca.

Happy place
Happy moment
Happy Gemma ☺

GEMMA

Studio f. Körpertraining
& Haltungscoaching
Bergheimerstr. 126
69115 Heidelberg

Schlüsselbegriffe

Einige in diesem Buch verwendeten Begriffe sind so wichtig, dass sie eine Erläuterung verdient haben:

DURCHLÄSSIGKEIT

„Im von innen aufgerichteten Körper erstreckt sich ein lebendiges Netz, über das Kräfte, Reize, Energien und Emotionen durch den ganzen Körper geleitet werden, so wie ein Spinnennetz noch den kleinsten Reiz an jede Stelle weiterleitet. Die Haltung des Körpers ist nichts Statisches, sondern etwas Lebendiges".

Mit Durchlässigkeit ist der hier beschriebene Körperzustand gemeint. In ihrem ursprünglichen und natürlichen Zustand, so die Annahme, haben alle Körperteile, egal wie groß oder klein und von welcher Funktion, die optimale Form, befinden sich am richtigen Ort mit dem richtigen Abstand voneinander und in bestmöglicher Verbindung zueinander, ob nun messbar oder nicht. Alle Körperteile bilden ein Netz, in dem sie miteinander interagieren. Diese Interaktion geschieht elektrisch oder chemisch (Nerven, Hormone, …), aber auch über mechanische Signale (Zug- und Hebelkräfte, Schwerkraft, Druck, …). Wird die innere Ordnung des Netzes durch unbewusste „Kräfteverschiebungen" gestört, so beeinträchtigt dies die Kommunikation im Körper, stört also seine „Durchlässigkeit".

Gute Körperwahrnehmung und Durchlässigkeit bedingen und fördern einander. Es geht jedoch nicht um ein Streben nach Perfektion oder darum, einem Dogma zu folgen. Durchlässigkeit und Körperwahrnehmung sollen vielmehr als etwas angenommen werden, dessen Verbesserung erstrebenswert ist.

Eine bewusste Haltung bringt uns dazu, den eigenen Körper stets wahrzunehmen. Geist und Körper können sich dabei gegenseitig begleiten. So werden uns die oben erwähnten Kräfteverschiebungen bewusst und können von uns aufgelöst werden. Unser Bewusstsein kann dann den Körper in die ursprüngliche Leichtigkeit begleiten. So kommen wir unserer eigenen Durchlässigkeit Stück für Stück näher.

LEICHTIGKEIT

Im Zusammenhang mit der Durchlässigkeit steht der Begriff der Leichtigkeit. Leichtigkeit hat mit Ganzheit und Vollkommenheit zu tun. Keinesfalls bedeutet sie Bequemlichkeit.

Bequemlichkeit ist nur vordergründig leicht. Leichtigkeit im Sinne von „bequem" heißt: Autofahren statt zu Fuß gehen, Aufzug statt Treppe nehmen, online statt im Laden kaufen, Fastfood essen statt Selberkochen. Und zum Ausgleich dann ins Fitness-Studio brausen, Diäten machen oder Nahrungsergänzungsmittel nehmen.

Wenn wir unser Leben auf diese Weise „zerlegen", um alles möglichst bequem hinter uns zu bringen und so vermeintlich mehr Zeit und/oder Energie für anderes zu haben, verlieren wir den Überblick über das Ganze und entfernen uns immer weiter von uns selbst. Denn jeder Moment unseres Alltags ist ein Teil unserer Existenz; ihn nicht als solchen anzuerkennen, würde bedeuten ihn, zu verlieren.

Erkennen wir hingegen die Ganzheit unseres Daseins an, dann können wir die Mutter aller Ziele eines jedes Menschen erreichen: Glück zu empfinden und Leid vermeiden. Genau hierin liegt für mich Leichtigkeit. Jeder Weg, der uns die Ganzheit unserer Existenz zeigt, führt uns automatisch auch zur Leichtigkeit. Eine bewusste Körperhaltung ist einer dieser Wege.

KÖRPERFUNDAMENT, KNOCHENFUNDAMENT

Körperfundament und Knochenfundament verwende ich synonym. Mit architektonischem Blick betrachtet bildet unser Skelett das Fundament der Körperhaltung. Es wird unterstützt von Sehnen, der inneren Muskulatur und den Faszien. Diese Strukturen und ihre Interaktion mit den Körperorganen und der äußeren Muskulatur halten das Fundament stabil.

Indem wir die Wahrnehmung auf unser inneres Knochenfundament richten, schaffen wir ihm den Platz, den es braucht, um seine Stützfunktion zu erfüllen. Betreiben wir die Stabilisierung des Körpers nur über die äußere Muskulatur, so rauben wir damit den Knochen und uns selbst nicht nur Platz, sondern stören auch das gesamte innere Miteinander.

Die produktivste Art der Wahrnehmung ist eine, die vom Fundament ausgeht, von innen nach außen.

KNOCHENINTELLIGENZ

Die natürliche Ordnung der Knochen, ihre Aus- und Aufrichtung im Körper sowie ihr Zusammenspiel bezeichne ich als Knochenintelligenz. Jeder Knochen kann in seiner idealen Position und Ausrichtung sinnvoll und effizient mit anderen Körperstrukturen interagieren.

HALTUNG

Der Begriff Haltung hat mehrere Bedeutungen:

1. Die körperliche Haltung. Unter dieser verstehe ich den von innen geleiteten und begleiteten Halt, der sich in der rein physischen Haltung des Körpers ausdrückt.

2. Die geistige Haltung, die innere Haltung oder Einstellung also.

3. Die meditative Haltung. In der Praxis der Meditation soll der Geist zur Ruhe kommen und konzentriert im Hier und Jetzt sein, ohne von Gedanken aus diesem Zustand gebracht zu werden. Jenseits dieser Übungspraxis gehört die meditative Haltung für mich ins Leben und in den Alltag integriert, damit wir beim Meditieren nicht das echte Leben verpassen.

Die meditative Haltung kann aktiv begleitet werden und bezieht sich auf die bewusste Wahrnehmung des eigenen Körperfundaments, der inneren Vernetzung des Körpers und seiner Koordination mit der Außenwelt– der Natur und anderen Lebewesen.

Alle drei Haltungen bilden ein Haltungsdreieck, in dem die Elemente der körperlichen, geistigen und meditativen Haltung gleichberechtigt zur Geltung kommen.

EMBODIMENT

Bedeutet wörtlich Verkörperung oder Verleiblichung. In den Kognitionswissenschaften steht der Begriff Embodiment für die These, der zufolge Bewusstsein eine physikalische Komponente voraussetzt. Diese These steht klassischen Interpretationen von Bewusstsein durchaus entgegen.

Der Begriff betont die Wechselwirkung von Psyche und Körper: Nicht nur kann der Körper psychische Zustände, zum Beispiel durch Mimik oder Körperhaltungen, ausdrücken, sondern es existiert auch der umgekehrte Weg. Eine bewusst oder unbewusst eingenommene Haltung oder Mimik können Einfluss auf unseren psychischen Zustand haben.

Stichwortverzeichnis

Atmung (65)
Aufrichtung (16)

Beckenaufrichtung (37)
Beckenboden (56)
Bewertung : Lob, Genörgel - Richtig, Falsch (34-)

Durchlässigkeit (13, 19, 39)
durchlässig (23)

Embodiment (20)

Füße (40, 75)

Gesichtsmuskeln (94, 102)

Hände (104)
Hohlkreuz / „Rundkreuz" (37)
Halt
        innerer Halt (34)
        äußerer Halt (36)

innerer Dialog (32, 34)
Innere Muskulatur (87-88)

Kippa (97-, 112)
Kopfbewegung (100, 117)

Körper-, Knochenfundament (16, 19)

Körperhaltung im Sitzen (37-)

Körperhaltung im Stehen (81)

Körperhaltung beim Laufen (89)

Knochenintelligenz (38)

Leichtigkeit (32)

räumliche Körperwahrnehmung (109)

Schädelknochen (96, 101)

Schultern (23)

Wirbelsäulenaufrichtung (46-, 51)

Über die Autorin

1973 in Spanien geboren schloss Gemma Mari Gurt im Jahre 2001 ihr Studium für Sport und Sportwissenschaften in Heidelberg ab. Seit 2006 arbeitet sie als Körpertrainerin und Haltungscoach im Heidelberger Raum. Im Jahre 2013 wurde sie von Benita Cantieni zum Senior Teacher der CANTIENICA-Methode für Körperform und Haltung ernannt und arbeitete bis 2019 als Ausbilderin für die CANTIENICA AG.

Seit April 2019 betreibt sie ihr Studio unter dem Namen „GEMma – Studio für Körpertraining & Haltungscoaching".

Ihre Verbundenheit und Liebe zur Natur und den Tieren hat ihren Ursprung in Nordostspanien und den Pyrenäen, wo sie von klein an das Bergsteigen und Klettern mit ihrem Vater genoss. Freude und ganzheitlicher Genuss an der Bewegung selbst prägen ihre Arbeit.

Für die Autorin ist Eigenverantwortung der Kompass für das eigene Lebensglück. Ihr Motto: „Lerne jeden Moment auf- und anzunehmen, denn der Weg ist nicht nur das Ziel, er ist das Leben selbst".

MIX

Papier | Fördert
gute Waldnutzung

FSC® C083411

Zeitfracht Medien GmbH
Ferdinand-Jühlke-Straße 7
99095 Erfurt, Deutschland
produktsicherheit@kolibri360.de